Rallye Story 2000

Text
Andrea Voigt-Neumeyer
Fotos
McKlein
Burkhard Ditze

rallye racing Special

Echte Fans – die Zuschauer in Portugal lassen sich weder durch kilometerlange Fußmärsche noch durch Staubwolken den Spaß verderben

WWW.SKODA-AUTO.COM
castrol
Airtel
REMUS
sparco
FWU
MBN 44-30
Airtel
MICHELIN

Der Durchbruch – bei der Spanien-Rallye erringt Skoda-Werkspilot Armin Schwarz die erste Bestzeit mit dem Octavia WRC. Fahrer und Team jubeln

IMPRESSUM

rallye racing Special
„Rallye Story 2000“ erscheint in der
top special Verlag GmbH,
Nebendahlstr. 16, 22041 Hamburg

Text und Redaktion: Andrea Voigt-Neumeyer
Fotos: McKlein, Burkhard Ditze,
Achim Diesler, Burkhard Kasan,
Sutton Motorsport Images,
Trieb-Kaliba

Redaktionelle Mitarbeit:
Christian Schön, Jürgen Hahn,
David Limage, Alexander von Wegner

Gestaltung: Eberhard Frenzel, Sandra Weihe
Herstellung: Reinhard Pacher
Schlussredaktion: Christian Schön
Koordination: Günther Frauenkron
Reproduktion: Pre Print Gruppe, Hamburg
Druck: Neef+Stumme Rollenoffset
Wittingen GmbH & Co. KG

Printed in Germany

Vorwort

Liebe Leserinnen, liebe Leser,

die Rallye-Weltmeisterschaft hat wieder einmal gezeigt, dass sich dieser Sport mit der Formel 1 jederzeit messen kann: sieben Werke am Start, toller Sport und Spannung bis (fast) zum Schluss. Der Kampf um Sekundenbruchteile wird immer härter, hier werden weder Zeit noch Punkte verschenkt.

Für uns brachte das Jahr einen wichtigen Schritt nach vorne. Obwohl noch im Rahmen unseres Entwicklungsprogramms für den Skoda Octavia nicht bei allen Rallyes am Start, konnten wir uns mehrfach in den Punkterängen platzieren. Damit haben wir uns bereits in den Statistiken verewigt und gezeigt, dass wir da sind. Und die Sonderprüfungsbestzeit bei der Rallye Catalunya – noch mit der alten Octavia-Version – war ein Highlight, das demonstriert hat: Wir wollen es wissen. Auch wenn eine Schwalbe noch keinen Sommer macht und wir noch viel Arbeit vor uns haben.

Insofern schaue ich auch der nächsten Saison mit Optimismus entgegen. Was mir allerdings Sorgen bereitet, sind die neuen Trends in der Rallye-Weltmeisterschaft. Die San Remo-Rallye war sicherlich ein Hinweis, wie die Zukunft der Rallye nicht ausschauen darf. Und die zunehmenden Restriktionen für Werksfahrer beim Abfahren und Aufschreiben der Wertungsprüfungen werden langsam zu einem echten Sicherheitsproblem. Da muss sich die FIA etwas einfallen lassen.

Wir sehen uns im nächsten Jahr.

Bis dahin viel Spaß beim Lesen und Blättern

Armin Schwarz
Skoda-Werkspilot

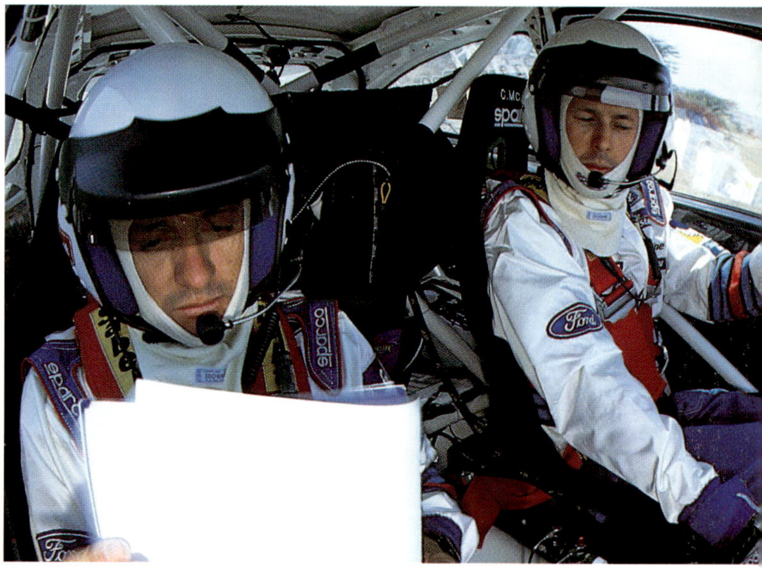

Oben: Überflieger – Peugeot gewinnt die Marken-WM. Rechts: Live dabei – das Ford-Team McRae/Grist bei der Arbeit

Unten: In der DM kämpfen Seat-Pilot Kahle (links) und Subaru-Fahrer Kremer (rechts daneben in Action) um den Titel

Staub, Sand, Hitze – der Marathon-Weltcup bietet starken Sport

Oben: Durchbruch – Skoda erringt erste Erfolge in der Rallye-WM

Unten: Lebende Legenden – Oldtimer-Rallyes erfreuen sich größter Beliebtheit

Oben: First Class – das sind alle Werkspiloten der Saison 2000. Rechts: Gut drauf – die beiden Weltmeister Juha Kankkunen und Tommi Mäkinen, Junior Petter Solberg und Loix-Beifahrer Sven Smeets

Oben: Harter Kämpfer – Marcus Grönholm gelingt ein Traumstart in der Weltmeisterschaft. Rechts: Nicht immer so gelassen – Colin McRae

WM-Teams

Reise nach Jerusalem

Links: Auf zwei Rädern – Mitsubishi-Pilot Mäkinen. Unten: Rollen-Tausch – Auriol, Sainz und Gardemeister (von links) als Zuschauer bei einer Superspecial in Portugal

Rechts: Gute Schule – Junior Petter Solberg hat bei Ford zwei Weltmeister als Teamkollegen. Von ihnen will er viel lernen.
Unten: Nicht ohne Konflikte – Teamchef Wilson, Fahrer Sainz

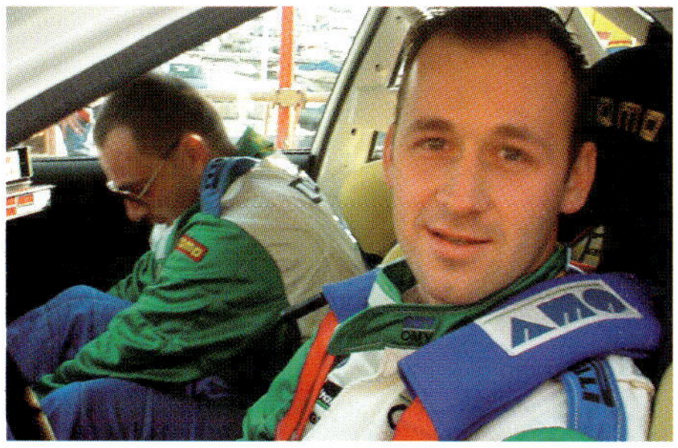

Links: Seltener Gast – Armin Schwarz fährt nicht alle Läufe. Unten: In der zweiten Liga – Manfred Stohl und Peter Müller kämpfen um die Gruppe N-WM

Der kleine Bruder – Alister McRae fährt einen Hyundai Accent

Oben: Viel Einsatz, wenig Erfolg – Didier Auriol ist bei Seat nicht ganz glücklich. Links: Nummer eins bei Subaru – Richard Burns (Mitte) ist trotz seiner 29 Jahre sehr erfahren

WM-Teams

Wer hat als Kind nicht die „Reise nach Jerusalem“ gespielt? Alle Kinder laufen um eine Stuhlreihe und müssen sich auf ein Kommando setzen. Verlierer ist derjenige, der am Ende ohne Stuhl übrigbleibt. Durchschnittliche Erwachsene haben solche Spielchen tief in ihrer Erinnerung vergraben. Rallyefahrer allerdings spielen jedes Jahr aufs neue „Reise nach Jerusalem“. Immer im Herbst setzt die Jagd nach einem Cockpit für die nächste Saison an. „Silly season“ – verrückte Saison – nennen die Engländer diese Tage und Wochen voller Spekulationen und Gerüchte. Auch vor der Saison 2000 wird viel gerätselt. Denn Toyota zieht sich nach vielen Jahren aus dem Motorsport zurück. Die beiden Toyota-Piloten Carlos Sainz und Didier Auriol sind auf dem Fahrermarkt heiß begehrt.

Vor allem Carlos Sainz war schon oft derjenige, der bei der Rallye-Reise nach Jerusalem das Kommando zum Stoppen der Musik gegeben hat. Nicht anders ist es Ende 1999. Der zu Saisonende 37-jährige Millionär aus Madrid nimmt ein Angebot des Ford-Teams an und wird neuer Teamkollege des Schotten Colin McRae. Eine explosive Mischung. Denn Ford sichert sich nicht nur die teuersten und schnellsten Fahrer, sondern auch zwei Dickköpfe. Beide wollen die Nummer 1 sein. Doch die Aufgaben sind klar verteilt. Der 31-jährige McRae kann seinen Verstand ausschalten und attackieren, notfalls sogar einen Crash riskieren, um zu siegen. Sainz, mit seinen Erfahrungen aus fast zwei Jahrzehnten in verschiedenen Teams, ist der harte Arbeiter. „Er kann perfekt ein Team motivieren, er gibt die Impulse für die Abstimmung und Weiterentwicklung des Ford Focus“, schwärmt Teamchef Malcolm Wilson. Doch so reibungslos, wie sich der Teamchef die Zusammenarbeit vorstellt, läuft es nicht. Zwischen Sainz und McRae treten bald Spannungen auf. Nach der Akropolis-Ral-

Höhen und Tiefen – Uwe Nittel ist in der Gruppe N schnell, leidet aber unter technischen Problemen

lye würdigt McRae dem zweifachen Weltmeister Sainz keines Blickes und weigert sich, mit ihm zu reden. „Es ist die Hölle", verzweifelt Sainz.

Als dritter Fahrer startet sporadisch der junge Norweger Petter Solberg bei Ford. Der 25-Jährige hat einen Fünfjahres-Vertrag und soll systematisch an seine zukünftigen Aufgaben als Werksfahrer herangeführt werden. Solberg fährt Bestzeiten – und wird dadurch für andere Teams interessant. Kurz nach Saisonmitte lässt sich Solberg für 2001 von Subaru abwerben. Ford reagiert prompt – und streicht die restlichen Einsätze. Daraufhin darf Solberg bereits auf Korsika erstmals für Subaru fahren.

Treu zeigt sich der viermalige Weltmeister Tommi Mäkinen. Auch der 36-jährige Finne ist auf dem Fahrermarkt beliebt. Doch „Big Mäk" unterschreibt einen neuen Zweijahres-Vertrag bei Mitsubishi, jenem Team, das ihm den WM-Einstieg ermöglichte und mit dem er alle vier WM-Titel errang. „Mitsubishi ist ein Sieger-Team, und ich möchte ein Teil davon bleiben", begründet er seine Entscheidung. Später allerdings stellt sich seine Einschätzung als zu optimistisch heraus. Der Mitsubishi Lancer ist technisch ausgereizt, die Konkurrenz zieht vorbei. Mäkinen hat eine Saison mit Ausfällen und Problemen. Ähnlich ergeht es seinem Teamkollegen Freddy Loix. Der 29-jährige Belgier hat 1999 Sponsor Marlboro zu Mitsubishi gebracht, auch in seiner zweiten Saison fährt er meist hinterher. „Dieses Auto ist für Tommi und seinen Fahrstil gebaut. Ich komme damit überhaupt nicht zurecht", klagt Loix, der vor seinem Wechsel zu Mitsubishi als eines der aufstrebenden Talente in der WM gehandelt wurde.

Auf eine bewährte Besetzung vertraut auch Subaru. Dort kommen wie im Vorjahr der 29jährige Richard Burns und Altstar Juha Kankkunen zum Einsatz.

Seat hofft, mit neuen Fahrern endlich den Anschluss an die Spitze zu schaffen.

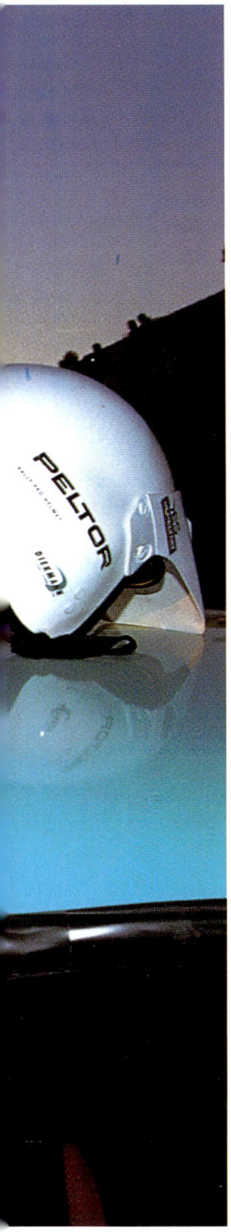

Oben: Küsschen für Sharon – Ehefrau Grist folgt ihrem Nicky rund um die Welt

Links: Denker – Benoit Bagur, Cheftechniker bei Seat

Oben: Stiller Chef – Pavel Janeba leitet das Skoda-Werksteam. Links: Asphalt-Cowboy – Peugeot-Pilot François Delecour. Rechts: Peugeot-Techniker Nandan

Nach dem Toyota-Rückzug sichert sich Teamchef Jaime Puig den Franzosen Didier Auriol, Weltmeister von 1994. Als zweiten Fahrer holt er den erst 24-jährigen Toni Gardemeister ins Team. Der blonde Finne hat bei seinem ersten Einsatz im Seat Cordoba in Neuseeland 1999 den dritten Platz geholt. Doch die Fahrer-Kombination aus Alt und Jung kann Seat nicht zum Erfolg verhelfen. Wieder fahren die Spanier hinterher. Dann wird der Ausstieg zum Saisonende 2000 verkündet. Bittere Pille vor allem für Didier Auriol: Fast auf den Tag ein Jahr zuvor hatte er vom Toyota-Ausstieg erfahren.

Peugeot und Hyundai vertrauen auf ihre Fahrer aus dem Vorjahr. Bei Hyundai sind ab der Schweden-Rallye der Schwede Kenneth Eriksson und der Schotte Alister McRae im Einsatz. Beide sind zuvor bereits das frontangetriebene Hyundai Kitcar gefahren.

Bei Peugeot will man zu Saisonbeginn 2000 die beiden Werkscockpits unter den drei Werksfahrern François Delecour, Marcus Grönholm und Gilles Panizzi aufteilen. Als Marcus Grönholm in Schweden den ersten Sieg für die französische Marke erringt, darf der 32-Jährige alle 14

WM-Teams

WM-Rallyes bestreiten. Auch Asphalt-Spezialist Gilles Panizzi überrascht seine Chefs – allerdings mit negativen Schlagzeilen. Auf Schotter ist der Franzose sehr langsam – dafür zeigt er sich aber ansonsten schlagkräftig. Nach einer Prügelei mit einem Konkurrenten steht er auf der Schwarzen Liste. „So etwas darf einem Profi nicht passieren", entrüstet sich Sportchef Corrado Provera. Zur Korsika-Rallye gibt Panizzi sein Comeback im Werksteam – und siegt. Dank seiner drei starken Fahrer gewinnt Peugeot die Marken-Weltmeisterschaft.

Bei Skoda ist auch in der zweiten Saison der Deutsche Armin Schwarz der Nummer 1-Fahrer. Mit spanischen Sponsoren erkauft sich Luis Climent den zweiten Platz im Team.

Damit ist der letzte Stuhl im WM-Spiel vergeben. Piero Liatti, der vom Seat-Team nicht mehr gewollt wird, fährt einige EM-Rallyes und darf für Ford auf Korsika und in Italien das dritte Auto fahren. Harri Rovanperä, ebenfalls Ex-Seat-Pilot, bestreitet einige Einsätze in einem privaten Toyota Corolla. Ex-Subaru-Mann Bruno Thiry gibt zwei Gastspiele in einem privaten Toyota Corolla und fährt für Citroën in der Rallye-EM. Diese drei Piloten stehen ohne festen Sitz da, als die Musik für die 2000er Saison abgestellt wird... ■

Oben: Auf Lager – ordentlich aufgereiht warten die Turbolader auf ihren Einsatz. Rechts: Abgeschliffen – Unterbodenschutz nach einigen Kilometern Wertungsprüfungen

Evolution statt Revolution

Technik

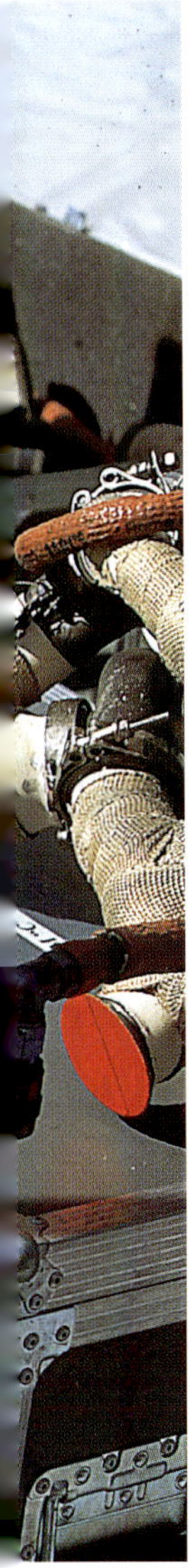

Rechts: Große Klappe, viel dahinter – im Heck versteckt sich der Sicherheitstank

Rechts: Bewegungsfreiheit – die Höhe der Federn ist von den Bedingungen abhängig.
Unten: Jede Sekunde zählt - Subaru-Team bei der Arbeit

Oben: Recycling – die meisten Teams arbeiten die Dämpfer auf und nutzen sie bei der gleichen Rallye ein zweites Mal.
Links: Verzögerungstaktik – Blick auf die Bremsen des Skoda.

Moderne Straßenautos sind Wunderwerke der Technik: Navigationssysteme, ABS, Traktionskontrolle und viele andere technische Hilfsmittel erleichtern dem Fahrer die Arbeit. In den modernen World Rally Cars gehen die technischen Entwicklungen natürlich viel weiter. Anders nämlich als in der Formel 1 oder dem Tourenwagen-Sport sind den Ingenieuren fast keine Grenzen gesetzt. Das Reglement schreibt zwar Hubraum (maximal zwei Liter), Luftmengenbegrenzer vor dem Turbolader, äußere Abmessungen und gewisse Rahmendaten vor. Die Elektronik der Boliden ist aber völlig freigestellt. Da jedoch die Fahrweise im Rallyeauto stark vom Fahren in einem Straßenauto abweicht und zum Beispiel blockierende Räder beim Bremsen durchaus erwünscht sind, kommen manche elektronischen Hilfsmittel wie ABS nicht zum Einsatz.

Bahnbrechende Veränderungen zum Vorjahr bieten die Rallyeautos des Jahres 2000 nicht. Die WM-Teams betreiben natürlich ständig Weiterentwicklung, doch das Motto lautet hier: „Evolution statt Revolution." Subaru bringt zur Portugal-Rallye ein komplett neues Fahrzeug an den Start. Doch von außen sieht der Subaru WRC 2000 aus wie sein Vorgänger. „Unter dem Blech ist das Auto allerdings komplett neu", erklärt Subaru-Cheftechniker David Lapworth. Differenziale, Elektronik und viele Einzelteile wurden verbessert. Vor allem aber haben die Subaru-Techniker das Gewicht reduziert. Der Motor wanderte einige Millimeter nach hinten, der Tank weiter nach vorn – damit wurde für eine bessere Gewichtsverteilung gesorgt. „Dieser Subaru ist mehr ein Rennwagen als ein Rallyeauto", schwärmt Alt-Star Juha Kankkunen. „Er lässt sich viel besser abstimmen." Bei Subaru sind Erfahrungen aus den letzten Jahren ins Rallyeauto eingeflossen. „Wir haben uns viel Mühe gegeben und schon Neuerungen in die Tat umgesetzt, die wir erst für unser ganz neues Modell für 2001 geplant hatten", so Lapworth.

Mitsubishi spendiert seinem amtierenden Weltmeister Tommi Mäkinen zur Finnland-Rallye ein neues Auto. Äußerlich ist eine geänderte Frontpartie – angelehnt an das Sondermodell „Tommi Mäkinen-Edition" – auffällig. Unter dem Blech gibt es Neuerungen an Differenzialen und Radaufhängungen. Doch Mäkinen braucht lange Zeit, um sich an das Auto zu gewöhnen. Überhaupt hinkt Mitsubishi der Konkurrenz von Ford, Subaru und Peugeot hinterher. Denn als einziger Hersteller vertraut Mitsubishi noch auf das alte Gruppe A-Reglement, während die Konkurrenz World Rally Cars einsetzt, bei denen mehr technische Detailarbeit erlaubt ist. „Das ist jetzt ein Nachteil", erklärt Mitsubishi-Cheftechniker Bernard Lindauer. Für die Saison 2001 baut auch Mitsubishi erstmals ein World Rally Car.

Bei Skoda werden Schwachstellen am Skoda Octavia beseitigt. Doch bei dem Neueinsteiger aus Tschechien mit dem kleinsten WM-Budget laufen die Uhren deutlich langsamer als bei den etablierten Konkurrenten. Eine geplante neue Homologation des Turboladers wird während der Saison mehrfach verschoben. Erst bei der Zypern-Rallye ist der „Evo-Skoda" im Einsatz.

Ständige Fortschritte machen die Teams in der Entwicklung der Elektronik. „Das Faszinierende ist, dass beinahe alles erlaubt ist", kommentiert Peugeot-Cheftechniker Michel Nandan. „Wir können mit der modernen Elektronik fast alles kontrollieren." Ob Drücke und Temperaturen im Motor, Fliehkräfte, Bewegungen der Radaufhängungen, Verbrauch von Öl

Technik

Oben: Selbst-Hilfe – abseits der Service-Plätze müssen die Fahrer reparieren

Oben: Füße ihres Autos – die Reifen müssen viel aushalten

		Ford Focus WRC
Anordnung		vorn quer
Zylinderzahl		4
Ventile pro Zylinder		4
Hubraum (cm^3)		1990
Bohrung x Hub (mm)		84,8 x 88,1
Leistung (PS)		300*
bei 1/min		6500
max. Drehmoment (Nm)		550
bei 1/min		4000
Länge/Breite/Höhe (mm)		4152/1770/1420
Radstand (mm)		2615
Typ		dreitürig, Fließheck
Gewicht (kg)		1230**
Vorderradaufhängung		McPherson-Federbeine Reiger-Dämpfer Eibach-Federn
Hinterradaufhängung		McPherson-Federbeine Reiger-Dämpfer Eibach-Federn
Bremsen		rundum belüftete Scheibenbremsen Brembo-Bremsanlage
Kraftübertragung		sequenzielles 6-Gang-Getriebe, Allradantrieb
Differenziale	vorn hinten Mitte	elektronisch mechanisch elektronisch
Radgröße*** Reifen	Breite Höhe	8 Zoll (7 Zoll) 18 Zoll (15 Zoll) Michelin

Rechts: Special Edition – Kupplung im World Rally Car.
Unten: Keine Spezialisten – auf dem Transporter stehen die seriennahen Traningsautos

Unten: Tschechen-Technik – Blick in den Skoda-Motorraum. Im Bild das Überdruck-Ventil desTurboladers

TECHNISCHE DATEN IM VERGLEICH

Hyundai Accent WRC	Mitsubishi Lancer/Carisma	Peugeot 206 WRC	Seat Cordoba WRC	Skoda Octavia WRC	Subaru Impreza WRC
MOTOR					
vorn quer	vorn quer	vorn quer	vorn quer	vorn quer	vorn längs (Boxer)
4	4	4	4	4	4
4	4	4	4	4	4
1998	1997	1997,5	1995	1999	1994
84 x 90	85 x 88	85 x 88	83 x 92,2	82,5 x 93,5	92 x 75
300*	298*	300*	300*	300*	300*
6000	6000	5250	5300	6250	5500
520	510	535	550	600	480
3500	3500	3500	3500	3250	4000
KAROSSERIE					
4200/1770/1332	4350/1770/1395	4005/1770/1300	4172/1770/1400	4511/1770/1420	4340/1770/1390
2440	2510	2468	2443	2512	2520
zweitürig, Limousine	viertürig, Limousine	zweitürig, Fließheck	zweitürig, Limousine	viertürig, Limousine	zweitürig, Limousine
1230**	1230**	1230**	1230**	1240**	1230**
FAHRWERK/KRAFTÜBERTRAGUNG					
McPherson-Federbeine Öhlins-Dämpfer Eibach-Federn	McPherson-Federbeine Öhlins-Dämpfer Eibach-Federn	McPherson-Federbeine Peugeot-Dämpfer Eibach-Federn	McPherson-Federbeine Öhlins-Dämpfer Eibach-Federn	McPherson-Federbeine Proflex-Dämpfer Eibach-Federn	System McPherson Bilstein-Dämpfer Eibach-Federn
McPherson-Federbeine Öhlins-Dämpfer Eibach-Federn	McPherson-Federbeine Öhlins-Dämpfer Eibach-Federn	McPherson-Federbeine Peugeot-Dämpfer Eibach-Federn	McPherson-Federbeine Öhlins-Dämpfer Eibach-Federn	McPherson-Federbeine Proflex-Dämpfer Eibach-Federn	McPherson-Federbeine Bilstein-Dämpfer Eibach-Federn
rundum innenbelüftete Scheibenbremsen Alcon-Bremsanlage	rundum innenbelüftete Scheibenbremsen AP-Bremsanlage	rundum innenbelüftete Scheibenbremsen Brembo-Bremsanlage	rundum innenbelüftete Scheibenbremsen Brembo-Bremsanlage	rundum innenbelüftete Scheibenbremsen Ferodo-Bremsanlage	rundum innenbelüftete Scheibenbremsen Alcon-Bremsanlage
sequenzielles 6-Gang-Getriebe, Allradantrieb	sequenzielles 6-Gang-Getriebe, Allradantrieb	sequenzielles 6-Gang-Getriebe, Allradantrieb	sequenzielles 6-Gang-Getriebe, Allradantrieb	sequenzielles 6-Gang-Getriebe, Allradantrieb	sequenzielles 6-Gang-Getriebe, Allradantrieb
elektronisch elektronisch elektronisch	elektronisch elektronisch elektronisch	elektronisch elektronisch elektronisch	elektronisch elektronisch elektronisch	elektronisch elektronisch mechanisch	elektronisch elektronisch elektronisch
8 Zoll (7 Zoll) 18 Zoll (15 Zoll) Michelin	8 Zoll (7 Zoll) 18 Zoll (15 Zoll) Michelin	8 Zoll (7 Zoll) 18 Zoll (15 Zoll) Michelin	8 Zoll (7 Zoll) 18 Zoll (16 Zoll) Pirelli	8 Zoll (7 Zoll) 18 Zoll (15 Zoll) Michelin	8 Zoll (7 Zoll) 18 Zoll (15 Zo[illegible] Pirelli

* Vom Reglement vorgegebene Höchstgrenze. Tatsächliche Leistung etwa 330 PS.
** Vom Reglement vorgegebenes Mindestgewicht. Tatsächliches Gewicht je nach Rallye bis zu 1350 Kilogramm.
*** Reifenbreite vom Reglement auf 9 Zoll begrenzt. In Klammern Werte für Schotter-Fahrwerk.

oder Kühlwasser – auf Knopfdruck sind alle Informationen verfügbar.
Die Fülle an Datenmaterial wird jeweils am Service per Computer ausgelesen. Der Abruf von Informationen von rund 50 Kilometern Wertungsprüfung dauert ungefähr drei Minuten. Immer mehr Zeit verbringen die Techniker der Teams am Laptop mit den Analyse von Daten.
Elektronisch kontrollierte Differenziale und sequenzielle Getriebe sind in der Rallye-WM bereits seit Jahren Standard. Doch die Entwicklung läuft weiter. Im Peugeot werden ab Mitte der Saison die Gänge mit Hilfe einer Scheibe am Lenkrad gewechselt. „Eine enorme Verbesserung“, erklärt Werkspilot François Delecour. „Denn man kann die Hände beim Schalten am Lenkrad lassen.“ Ein ähnliches System ist bereits bei Subaru im Einsatz – dort wird mit einem unscheinbaren Hebel am Lenkrad geschaltet. Ford entwickelt für 2001 ebenfalls ein elektronisches Getriebe.
Die moderne Elektronik erleichtert nicht nur den Fahrern die Arbeit, die inzwischen auch über ein fest eingebautes Handy mit im Helm integriertem Mikrofon mit den Ingenieuren kommunizieren können. Auch die Techniker am Service profitieren von der Entwicklung. „Wollte man früher Einstellungen am Set-up des Fahrwerks verändern, musste man mechanische Teile wechseln“, erklärt Peugeot-Techniker Michel Nandan. „Nun kann man so etwas elektronisch verstellen. Das spart nicht nur Zeit, sondern verhindert auch, dass in der Hektik Fehler gemacht werden.“ ■

Arbeitsplatz für Driftkünstler – alle Hebel und Knöpfe im Cockpit des Mitsubishi Lancer von Tommi Mäkinen

1 Funk einschalten
2 Blinkerhebel
3 Anlasser
4 Sicherung zur Unterbrechung des Zündkreislaufs
5 Sicherung für Steuergerät
6 Motor-Warnlicht
7 Drehzahlmesser und Tacho
8 Warnleuchte für Lichtmaschine
9 Gang-Anzeige
10 Scheibenwischer
11 Heizung, Entlüftung
12 Innenbeleuchtung
13 Schalter für beheizte Frontscheibe
14 Scheinwerfer
15 Warnblinklicht
16 Schalter für Zusatz-Scheinwerfer
17 Schalter für Benzinpumpe
18 Differenziale blockieren
19 Umschalter für WP-Modus
20 Stromkreisunterbrecher
21 Sicherheits-Modus für WP
22 Feuerlöscher
23 Hauptstrom-Schalter
24 Schalter für Steuergerät
25 Schalter für Datenaufzeichnung
26 Benzinuhr
27 Display für Motormanagement
28 Umschaltbares Display
29 Anschluss für Motor-Datenaufzeichnung
30 Warnlampe für Datenaufzeichnung
31 Trip-Master (Wegstreckenzähler)
32 Wechseln der Display-Anzeige
33 Anschluss für Datenaufzeichnung
34 Datenaufzeichnung
35 Reset für Tripmaster (wird vom Beifahrer mit dem Fuß bedient)
36 Scheibenwaschanlage (Pedal für Beifahrer)
37 Hupe (Beifahrer)
38 Schalter für Lichtmaschine
39 Schalter für Ladeluftkühler
40 Schalter für Wasserkühler
41 Relais
42 Stromkreisunterbrechung
43 Box für Sicherungen
44 Funk
45 Schalter für Heizung
46 Sequenzielle Schaltung
47 Einstellung für Bremsbalance (vorn/hinten)

Rechts: Diesen Arbeitsplatz muss man sich hart erkämpfen – Blick ins Cockpit des Ford Focus

Oben: Gut gefedert – Dämpfer des Ford Focus
Links: Hand-Arbeit – Joystick-Schaltung im Seat

Technik

Seite 24 Sieger: Tommi Mäkinen
Monte Carlo 2. Carlos Sainz
1. Lauf 3. Juha Kankkunen

Seite 30 Sieger: Marcus Grönholm
Schweden 2. Tommi Mäkinen
2. Lauf 3. Colin McRae

Seite 34 Sieger: Richard Burns
Safari 2. Juha Kankkunen
3. Lauf 3. Didier Auriol

Seite 40 Sieger: Richard Burns
Portugal 2. Marcus Grönholm
4. Lauf 3. Carlos Sainz

Seite 44 Sieger: Colin McRae
Spanien 2. Richard Burns
5. Lauf 3. Carlos Sainz

Seite 48 Sieger: Richard Burns
Argentinien 2. Marcus Grönholm
6. Lauf 3. Tommi Mäkinen

Seite 52 Sieger: Colin McRae
Akropolis 2. Carlos Sainz
7. Lauf 3. Juha Kankkunen

Seite 58 Sieger: Marcus Grönholm
Neuseeland 2. Colin McRae
8. Lauf 3. Carlos Sainz

Seite 62 Sieger: Marcus Grönholm
Finnland 2. Colin McRae
9. Lauf 3. Harri Rovanperä

Seite 66 Sieger: Carlos Sainz
Zypern 2. Colin McRae
10. Lauf 3. François Delecour

Seite 72 Sieger: Gilles Panizzi
Korsika 2. François Delecour
11. Lauf 3. Carlos Sainz

Seite 78 Sieger: Gilles Panizzi
San Remo 2. François Delecour
12. Lauf 3. Tommi Mäkinen

Seite 82 Sieger: Marcus Grönholm
Australien 2. Richard Burns
13. Lauf 3. François Delecour

Seite 88 Sieger: Richard Burns
Großbritannien 2. Marcus Grönholm
14. Lauf 3. Tommi Mäkinen

Die Welt-meisterschaft

...auf den Seiten 24-91

Rechts: The lion sleeps tonight – die Saison beginnt mit einem Debakel für das Peugeot-Werksteam

Links: Glücks-Momente – noch weiß Tommi Mäkinen nicht, dass dies für lange Zeit der letzte Sieg ist

Monte Carlo

Start-Schwierigkeiten

Unten: Traumstart – Der Österreicher Manfred Stohl siegt in der Gruppe N

Man spricht Deutsch – Armin Schwarz (oben mit Beifahrer Manfred Hiemer) im Werks-Skoda und Uwe Nittel im Mitsubishi (links)

Oben: Die erste Dienstfahrt – Carlos Sainz' Debüt im Ford Focus. Rechts: Butterbrot statt Bestzeiten – Peugeot-Pilot Gilles Panizzi ist nach dem Ausfall sauer

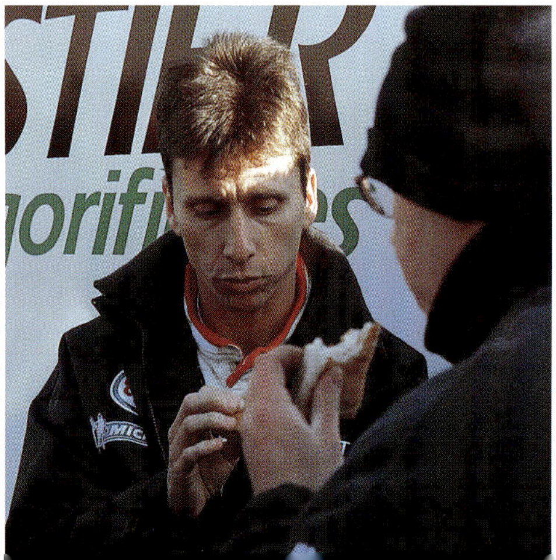

Showtime in Monte Carlo: Ford hat vor der Rallye in den mondänen Monte Carlo Yacht Club geladen. Während Champagner und Lachshäppchen gereicht werden, kreist plötzlich ein Hubschrauber über dem Hafenbecken. Wie in einem James-Bond-Film seilen sich dort zwei Männer ab. Filmreif landen Colin McRae und sein neuer Teamkollege Carlos Sainz in Overalls und Helmen auf einem Steg. Unter Applaus laufen beide zur Bühne und schon startet die Präsentation des neuen Ford Focus, der allerdings keine technischen Revolutionen sondern lediglich ein neues Design zu bieten hat.
Der erste Schwindel der Saison ist perfekt: Die beiden Männer, die sich so mutig aus dem Helikopter geschwungen haben, sind keinesfalls McRae und Sainz, sondern professionelle Stuntmen. Schließlich hat das Ford-Team mit den beiden Stars die teuersten Fahrer im Team, zu groß ist das Risiko, dass ihnen bei der spektakulären Aktion etwas passiert.
Mit der James-Bond-Nummer im Yacht Club macht Ford zunächst die einzigen Schlagzeilen. Denn zu Beginn der Rallye spielen beide Fahrer an der Spitze keine Rolle. „Ich muss mich zunächst noch an mein neues Auto gewöhnen", erklärt Ford-Neuzugang Carlos Sainz. Sein Teamkollege Colin McRae hadert anfangs mit zu weichen Reifen.
Filmreif ist auch das Geschehen an der Spitze: Zunächst übernimmt Subaru-Mann Richard Burns die Führung, dann erobert Weltmeister Mäkinen Rang eins, dicht gefolgt von Burns und Peugeots Asphalt-Spezialisten Gilles Panizzi. Wer jedoch auf die Fortsetzung des spannenden Makinen-Panizzi-Duells aus dem Vorjahr hofft – mit Beteiligung von Burns –, wird bitter enttäuscht. Denn der zweite Tag beginnt sowohl für Subaru als auch für Peugeot mit einer herben Enttäuschung.
Am nächsten Morgen springen im Etappenziel in Gap bei knackig-kalten Temperaturen gleich vier Autos nicht an. Mit einem Schlag sind der zweitplatzierte Richard Burns und die drei Peugeot-Werkspiloten Gilles Panizzi, François Delecour und Marcus Grönholm aus dem Rennen.
Krisenstimmung bei Peugeot. Die Franzosen sind nach einer Testsaison im Vorjahr auf der Jagd nach Erfolgen. Selbstbewusst hat Sportchef Corrado Provera angekündigt, dass Peugeot um den Titel in der Marken-WM fighten will. Nun können Teamchef Jean-Pierre Nicolas und

Monte Carlo

Deutsche Teams auf Monte-Carlo-Trip

Traditionell hat die Rallye Monte Carlo eine große Anziehungskraft auf deutsche Teams. Der WM-Auftakt am Mittelmeer bietet nämlich den perfekten Zeitpunkt für ein Auslands-Gastspiel, bevor die nationale Meisterschaft beginnt, und liegt auch nicht zu weit entfernt. Zudem ist die „Monte" in Deutschland noch immer die bekannteste WM-Rallye.
Ihre Berühmtheit stammt aus einer Zeit, als die Teams noch unter anderem in Bad Homburg zu einer Sternfahrt in Richtung Monte Carlo starteten. Die Sternfahrt gibt es längst nicht mehr, ebenso wenig wie die berühmt-berüchtigte „Nacht der langen Messer."
Und auch das Feld der deutschen Privatiers schrumpft von Jahr zu Jahr: Hohe Startgebühren und ein limitiertes Teilnehmerfeld sind der Grund.
Im Jahr 2000 starten außer Skoda-Werkspilot Armin Schwarz nur acht weitere Deutsche. Darunter Mitsubishi-Mann Uwe Nittel und Proton-Pilot Hermann Gaßner. Nittel führt mit einem Mitsubishi des französischen Baroni-Teams die Gruppe N an, scheidet aber mit einer defekten Benzinpumpe aus. Gaßner verliert durch zwei Reifenschäden viel Zeit und wird für seine Verhältnisse bescheidener Neunter der Gruppe N.
Nach einer langen Rallye-Pause startet der Bayer Uwe Forkert mit einem Mitsubishi. Vor den Augen einer großen Fangruppe seines Sponsors und Arbeitgebers FWU nutzt er die „Monte" als Vorbereitung für die Rallye-DM, wo er einen Skoda Octavia pilotiert. Forkert rollt auf Gesamtrang 32 ein.
Pech hat Opel-Pilot Horst Rotter: Am ersten Tag muss er ohne Service auskommen, weil dieser im Stau steckenbleibt, später plagen ihn Getriebeprobleme. Rotter kommt ins Ziel, wird aber nur 40. Jürgen Barth belegt mit einem Diesel-Seat den 37. Gesamtrang, Michael Stoschek (Mitsubishi) Platz 43. Ludwig-Georg Rühl fährt mit seinem 18-jährigen Sohn Jean in einem Mitsubishi auf den 52. Platz. Nur Andreas von Skopnik (Opel) erreicht nach drei Tagen nicht das Ziel.

Comeback im Mitsubishi – Uwe Forkert feiert den Wiedereinstieg mit seinem Weltmeisterschaftsdebüt

Rechts: Bildungs-Trip – Hermann Gaßner im Proton.
Unten: Kuss für Papa – Colin McRae, Tochter Hollie

Oben: Vertrauen lohnt sich – Toni Gardemeister, der junge Finne bei Seat, fährt schneller als Routinier Didier Auriol

Corrado Provera den Ausfall nicht fassen. Bis zum Mittag sind die beiden damit beschäftigt, Interviews zu geben. Die genaue Ursache wird erst später herausgefunden: In den Autos von Delecour und Panizzi ist ein Elektrokabel falsch verlegt worden, durch die extreme Kälte fehlt der Zündung der Masseschluss. Bei Grönholm ist ein Defekt an der Kraftübertragung schuld. „So etwas darf nicht passieren", ärgert sich Provera.

Damit ist die Spannung aus der größten und berühmtesten Rallye heraus: Hinter Weltmeister Tommi Mäkinen klafft eine mehr als eineinhalb Minuten große Lücke. Der Vorjahressieger kann ohne Sorge seinem ersten Saisonsieg entgegenfahren. Noch nicht einmal das Wetter sorgt für Kopfzerbrechen bei Mitsubishi. Denn während der ganzen Rallye herrscht trockenes und beständiges Wetter, untypisch für die ansonsten für tückische Bedingungen bekannte „Monte". Tommi Mäkinen und seine Verfolger haben keine schwierigen Reifenentscheidungen zu fällen und werden auch nicht von unvorhergesehenen Schneefällen überrascht. „Es wird schon richtig langweilig", kommentiert Mäkinens Beifahrer Risto Mannisenmäki.

Solche Sorgen hätte Armin Schwarz gern. Er langweilt sich keinesfalls. Im Gegenteil: Sein Adrenalinspiegel steigt zwischendurch auf Rekordwerte. Denn der deutsche Skoda-Werkspilot verbucht beim Saisonstart zwar gute Zeiten, wird aber mehrfach durch kaputte Turboschläuche eingebremst. Immer wieder muss Schwarz anhalten und versuchen, die Defekte selbst zu beheben. Später stellt sich heraus, dass jemand beim Einkauf der Schläuche am falschen Ende – nämlich der Qualität – gespart hat.

Die Folge: Die Turboschläuche lösen sich im Rallyeeinsatz auf, einige Prüfungen muss der Deutsche ohne Ladedruck fahren. Schwarz weiß nicht, ob er fluchen oder resignieren soll. „Ich kann nicht einmal mehr grantig werden", meint er kopfschüttelnd. Nach der zweiten Etappe fehlen ihm schon acht Minuten auf den Führenden. Auf der letzten Etappe läuft Schwarz' Skoda endlich. Zweimal fährt er die drittbeste Zeit, kämpft sich in die Top 10 vor. Der Einsatz lohnt sich, am Ende kann er als Siebter sogar einen Punkt für die Marken-Wertung mitnehmen.

Die Probleme der Konkurrenz spülen auch einige andere Fahrer nach vorn: Der junge Finne Toni Gardemeister, der sich seinen Platz im Seat-Werksteam durch einen hervorragenden Einsatz in Neuseeland im

Oben: Subaru-Pilot Richard Burns (links mit Teamkollege Kankkunen) fährt nur kurz und fällt mit Anlasserdefekt aus

Oben: Umsteiger – Ex-Subaru-Pilot Bruno Thiry mit einem privaten Toyota

Vorjahr gesichert hat, belegt lange Zeit Rang drei, wird am Ende Vierter. „Ich sollte eigentlich zufrieden sein, das Ergebnis ist gut", erklärt der 24-jährige, der zum Ende den dritten Rang an Subaru-Star Juha Kankkunen verliert. „Am letzten Tag fuhr sich das Auto anders als auf den beiden Etappen zuvor. Plötzlich untersteuerte es, ich hatte einfach kein Feeling mehr für das Fahrverhalten."

Die Rallye Monte Carlo bietet wieder Dramen und Überraschungen. So zum Beispiel bei dem Deutschen Uwe Nittel. Der ehemalige Mitsubishi-Werkspilot startet mit einem seriennahen Mitsubishi des französischen Baroni-Teams. Nittel fährt Traumzeiten, führt zwei Tage lang die seriennahe Gruppe N an. Dann löst sich eine Verbindung zur Benzinpumpe. Uwe Nittel versucht vergeblich, den Schaden zu beheben, dann ist er aus der Wertung. „Das war bitter", kommentiert er später.

Trotzdem geht der Gruppe-N-Sieg an einen deutschsprachigen Fahrer: Der Österreicher Manfred Stohl beendet mit einem Erfolg in Monte Carlo seine einjährige Durststrecke. „Hoffentlich ist jetzt meine Pechsträhne aus der vergangenen Saison überwunden", hofft der 27-jährige Wiener.

Seine Leistung bei der „Monte" kann sich durchaus sehen lassen. Denn nicht weniger als 33 Piloten kämpfen in der seriennahen Gruppe N um Punkte.

Bessere Zeiten brechen auch für den Belgier Bruno Thiry an: Der Ex-Subaru-Pilot ist in den Seealpen mit einem privaten Toyota Corolla des Grifone-Teams am Start. Der Asphalt-Spezialist, der im Vorjahr bei Subaru kein nennenswertes Ergebnis errang, fährt Top-Zeiten und wird am Ende Fünfter. „Dieses Auto ist auf Schnee viel einfacher zu beherrschen als der Subaru", strahlt der kleine Belgier und streicht über das Blech. „Es fährt sich wie ein Kart." Weil Thiry kaum Möglichkeiten zum Testen hatte, fehlen ihm allerdings wichtige Erfahrungswerte in der Abstimmung des ungewohnten Sportgeräts: „Wir haben während der Rallye ständig mit dem Set-up herumgespielt."

Auch bei Ford gibt es nach der großen Party vor der Rallye einen Grund, wieder die Sektkorken knallen zu lassen: Neuzugang Carlos Sainz wird Zweiter. Ein Einstand nach Maß. Und der Spanier ist hochmotiviert: „Ich habe jetzt ein gutes Gefühl und in den nächsten Wochen wird es noch viele Verbesserungen am Auto geben." Davon ist auch Teamchef Malcolm Wilson mehr als überzeugt. „Ich habe schon einmal mit Carlos zusammen gearbeitet. Niemand kann ein Team so gut motivieren wie er."

In diesem Moment denkt der Spanier aber noch nicht an Arbeit. Er genießt den ersten Erfolg bei Ford. „Ich bin einfach nur happy", jubelt er. Ganz anders sein Teamkollege Colin McRae. Nach einer Serie von Ausfällen hat der Weltmeister von 1995 in Südfrankreich auf ein gutes Ergebnis gehofft. „Ich weiss schon nicht mehr, wie eine Zielrampe aussieht", erklärt McRae, der sich während der gesamten Rallye vom elften Rang mühsam Stück für Stück nach vorn gearbeitet hat. Vor der letzten Wertungsprüfung liegt er bereits auf dem dritten Platz hinter Carlos Sainz, nur noch 15 Sekunden trennen ihn von seinem Teamkollegen.

Dann schlägt das Schicksal wieder zu: McRae rollt mit einem Motorschaden aus. Zum neunten Mal in Folge kann der hochbezahlte Drift-Künstler eine Rallye nicht beenden. Während Sainz im Hafen von Monte Carlo feiert, hockt McRae irgendwo auf dem Col de Turini und wartet auf den Teambus, der ihn abholen soll. ■

Der Schweden Schnee-Löwe

Rechts: Liebling der Fans – Marcus Grönholm spricht fließend finnisch und schwedisch und hat deshalb viele Freunde in beiden Ländern

Links: Wo sind die fehlenden Sekunden? Mitsubishi-Werksteam bei der Arbeit.
Unten: Junger Hüpfer – Markko Märtin im Toyota

Links: Historischer Moment – in Schweden feiert das Peugeot-Werksteam den ersten WM-Sieg seit dem Comeback 1999. Auch für Fahrer Marcus Grönholm ist es der erste große Erfolg

Ich werde vom ersten Meter an Vollgas fahren", erklärt Peugeot-Werkspilot Marcus Grönholm vor dem Start in Schweden. Der 1,93 Meter große Finne strotzt vor Tatendrang. Schließlich hat der 32-jährige viele Jahre lang auf seine große Chance warten müssen. Die Saison 2000 ist das erste richtige Jahr als Werksfahrer. Bis dahin hatte sich der finnische Landwirt als Privatfahrer durchschlagen müssen. Die WM-Testsaison 1999 des neuen Peugeot 206 war positiv verlaufen – jetzt will Grönholm angreifen.

Peugeot-Sportchef Corrado Provera ist davon keineswegs begeistert. „Vergiss nicht, das Auto ins Ziel zu bringen", grollt der Italiener und kaut auf seiner Zigarre. Sein Team, das in Monte Carlo alle drei Autos mit einem Elektrikdefekt verloren hatte, hat den Marken-Titel anvisiert. „Und dafür brauchen wir regelmäßig Punkte", erklärt Provera. Übemäßiges Risiko durch eine leichtsinnige Attacke ist deshalb nicht eingeplant.

Ein Sieg in Schweden – keine leichte Aufgabe für Marcus Grönholm. Schließlich hat Weltmeister Tommi Mäkinen auf den vereisten und rasant schnellen Pisten in den

Rechts: Schnee-Schieber – Ex-Ford-Pilot Thomas Radström fährt in einem privaten Toyota vorn mit

Schweden

mittelschwedischen Wäldern bereits zweimal gewonnen. Und der blonde Mitsubishi-Mann ist ganz heiß darauf, einen Hattrick zu feiern.

Große Freude bei Peugeot, als die ersten WP-Zeiten über den Funk kommen: Grönholm ist auf der zweiten Prüfung Bestzeit gefahren. Der Jubel verstummt sofort, als sich Grönholms harte Stimme meldet: „Wir haben Differenzialprobleme." Erinnerungen an die Test-Saison der Franzosen werden wach. Im Vorjahr war der neue Peugeot sehr schnell gewesen – aber nicht immer zuverlässig. Doch Grönholm kann aufatmen: Sein Team findet den Fehler rechtzeitig.

Auf vier der acht Prüfungen der ersten Etappe fährt Grönholm danach Bestzeit. Als der Rallye-Tross am ersten Abend in Karlstad eintrifft, hat der Finne bereits 16 Sekunden Vorsprung auf den Schweden Thomas Radström im privaten Toyota Corolla. „Marcus ist ein exzellenter Fahrer, das wussten wir bereits", lobt Sportchef Corrado Provera. „Und das Auto ist gut, aber es ist noch viel zu früh, sich über das Ergebnis zu freuen. Schließlich stehen noch zwei lange Rallyetage auf dem Programm." Grönholm analysiert die Lage ungerührt: „Es ist sicher nicht einfach, morgen als erster auf die Strecke zu gehen. Nervös bin ich allerdings nicht. Ich werde jetzt erst einmal in die Sauna gehen."

Am nächsten Tag das gleiche Spiel: Grönholm knallt weitere Bestzeiten auf das Eis. Und er bleibt locker. „Nur auf einer Prüfung habe ich einen kleinen Fehler gemacht...", lacht er und zeigt auf das Heck seines kleinen Peugeot 206. In Maßarbeit wurde der auffällige Heckflügel von einem tiefhängenden Ast abgesäbelt.

Am Nachmittag steht die längste Wertungsprüfung auf dem Programm: „Jutbo" – 47 Kilometer durch den Wald. Hier ist äußerste Konzentration gefragt. Auf der vereisten Strecke spielen die Reifen eine entscheidende Rolle. Wer zu stark attackiert, riskiert, dass sich die Spikes aus dem Gummi lösen. Nicht zuletzt ist „Jutbo" auch eine große Nervenprobe. Schon oft fiel hier die Vorentscheidung über Sieg und Niederlage.

Marcus Grönholm fehlen auf dieser Marathon-Prüfung 8,2 Sekunden auf die Bestzeit von Colin McRae. „Ich war zu vorsichtig", meint er. „Ich habe überall ein paar Sekunden liegenlassen."

Favorit Tommi Mäkinen ist nach der Jutbo-Prüfung ebenfalls nicht glücklich – trotz der zweitschnellsten Zeit. Sein Schweden-Einsatz scheint wie verhext. Am ersten Tag hatten ihn Geräusche aus dem Differenzial beunruhigt. Nach einem Wechsel am Ende der ersten Etappe ist das Gerassel zwar verstummt. Dafür ist der Weltmeister auf „Jutbo" zweimal neben der Strecke und beschädigt gleich drei Felgen. „Genau hier habe ich die Rallye verloren", wird er später erklären.

Pech für Mäkinen – Glück für Grönholm, der glaubt, die verbleibenden sieben Prüfungen locker angehen zu können: „Ich werde auf einigen WPs angreifen. Ansonsten habe ich von Peugeot den Auftrag, das Auto sicher ins Ziel zu bringen und nichts mehr zu riskieren." Eigentlich jedoch darf er selbst entscheiden, ob er attackieren will. Denn Sportchef Corrado Provera verkündet: „Marcus hat die Hälfte aller Bestzeiten geholt, was soll er noch besser machen? Und man kann einem Fahrer nicht befehlen, langsamer zu fahren."

Wider aller Erwarten muss Marcus Grönholm am dritten Tag doch noch richtig kämpfen. Auf den letzten fünf Prüfungen kommt es zu einem echten Showdown zwischen ihm und Mäkinen. Denn „Big Mäk" ist fest entschlossen, Grönholm den Sieg noch zu entreissen.

Auf den ersten Prüfungen frühmorgens liegt eine drei Zentimeter dicke frische Schneedecke. Ein Handicap für Grönholm, der als Erster auf die Strecke muss. Und gleich in der ersten Prüfung passiert eine Beinahe-Katastrophe: Der Peugeot kracht gegen einen Stein. Doch außer einer kaputten Felge ist nichts passiert.

Links: Mitsubishi-Junior Freddy Loix kann Mäkinens Tempo nicht mitgehen. Unten: Neu-Wagen – das Hyundai World Rally Car feiert sein Debüt

Oben: Fast Finn – Jani Paasonen.
Links: Trost-Pflaster – Harri Rovanperä erhält nach seinem Aus bei Seat einen Gaststart

Auch Weltmeister Mäkinen trifft den Stein, kann ebenfalls weiterfahren: „Ich habe nur einige Sekunden verloren, weil mein Fuss von Gaspedal rutschte!" Der Mitsubishi-Mann macht weiter heftig Druck. Vor der letzten Prüfung verkürzt er seinen Rückstand von 26 auf knappe 16 Sekunden.
Die Nerven bei Peugeot und Grönholm liegen blank. Nur 21 Kilometer trennen das französische Team und seinen finnischen Fahrer vom ersten WM-Sieg des neuen Peugeot 206. Doch das Wetter scheint sich gegen die Franzosen verschworen zu haben. Sportchef Corrado Provera zündet sich eine neue Zigarre an und schaut sorgenvoll zum Himmel. Es schneit. Ein großer Nachteil für Grönholm.
Im Auto knistert es vor Spannung. „Kann ich langsamer fahren?" fragt Grönholm voller Nervosität immer wieder seinen Beifahrer Timo Rautiainen. Doch der Co und Schwager feuert ihn nur weiter an: „Gib Gas, gib Gas!" Die beiden Finnen behalten die Nerven: Mit nur 6,8 Sekunden Vorsprung vor Mäkinen rollt das Peugeot-Team ins Ziel. Nach 34 WM-Rallyes feiert Grönholm endlich seinen ersten Sieg. „Ein tolles Gefühl!" strahlt er.
Als Grönholm später hört, was sein Landsmann Tommi Mäkinen sagt, fühlt er sich noch besser. Denn der amtierende Weltmeister verkündet in der Pressekonferenz: „Marcus hat gute Chancen, demnächst Weltmeister zu werden. Es ist gut für die Meisterschaft, wenn auch einmal ein neues Team und ein neuer Fahrer siegen können!" Grönholm hat nichts dagegen…

Radström genießt sein Heimspiel

In der Saison 1999 war der Schwede Thomas Radström im Ford-Werksteam nicht gerade erfolgreich. Der 34-jährige musste nach einem Beinbruch bei der Safari-Rallye pausieren, auch danach lief es für ihn nicht nach Plan. In der Saison 2000 ist er ohne Werkscockpit. Kurzfristig startet er bei der Schweden-Rallye mit einem Toyota Corolla des Toyota Team Schweden. Damit bewegt Radström ein Auto, das ihm vertraut ist: Denn bereits in den Jahren 1993 bis 1998 fuhr er Toyota, anfangs einen Celica, später einen Corolla. Mit Toyota wurde er auch 1996 Schwedischer Rallye-Meister.
Auf dem Beifahrersitz nimmt eine gute Freundin Platz: Tina Thörner, Ex-Beifahrerin von Uwe Nittel und Isolde Holderied. Die 33-jährige ist eigentlich mit Jutta Kleinschmidt im Marathon-Weltcup unterwegs. Für den WM-Einsatz hat sie dort eine Freigabe erhalten. „„Mein Herz hängt einfach noch an der Rallye-WM", gesteht Thörner, die mit dem Gastspiel in ihrer Heimat für einen großen Medienwirbel sorgt. Denn Tina ist dort nicht nur durch die Rallye-Aktivitäten bekannt: Sie moderiert eine eigene Motor-Sendung im schwedischen Fernsehen und engagiert sich für die Frauenbewegung.
Die Schweden-Rallye läuft für Radström und Thörner nach Plan: Nach der ersten Prüfung liegt das schwedische Dream-Team sogar in Führung. Bis zur zweiten Etappe behaupten Radström und Thörner hartnäckig den zweiten Rang vor Weltmeister Tommi Mäkinen. Doch zum Ende der Rallye können die Schweden den Speed der Konkurrenz nicht mitgehen und müssen sich mit Rang vier hinter Ford-Mann Colin McRae zufrieden geben.
Thomas Radström erringt durch die gute Leistung zwar nicht direkt ein Werkscockpit. Aber er hat genügend Arbeit: Citroën engagiert ihn als Testfahrer für das Xsara World Rally Car, das 2001 in der WM starten soll.

Haben gut lachen – Toyota-Pilot Thomas Radström und Copilotin Tina Thörner in Schweden

www.swrt.com
SUBARU
SUBARU
PIRELLI
PIRELLI

Links: Platt – Carlos Sainz rollt auf der Felge an den Service. Die Michelin-Reifen halten die extremen Belastungen nicht aus

Geplatzte Träume

Safari

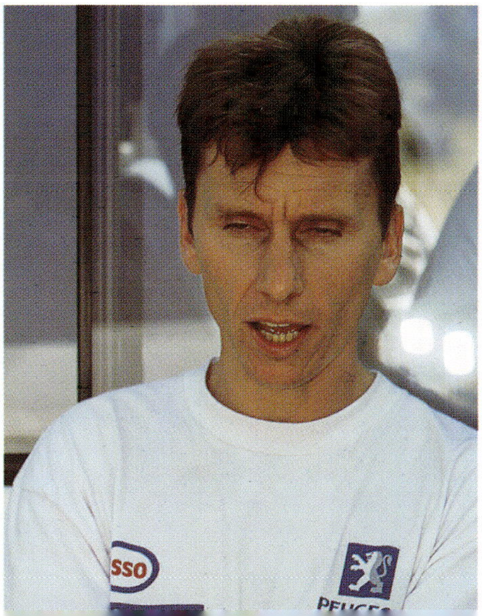

Rallye-Routiniers schwärmen von der alten „Safari“: Als die Route noch kreuz und quer durch Ostafrika führte, Tag und Nacht gefahren wurde und der Service noch überall erlaubt war. Damals war die Rallye ein einziges großes Abenteuer. Diese Geschichten werden mit einem Hauch von Nostalgie und Wehmut abends gern an der Hotelbar erzählt. Längst wurde die „Safari“ in das starre Gerüst der Rallye-WM gepresst: Sie dauert von Freitag bis Sonntag und es gibt feste Serviceparks. Und trotzdem ist die Rallye anders als die übrigen 13 WM-Läufe: Die Tagesetappen und die Prüfungen sind viel länger und extrem hart. Und die

Gib Gummi – Richard Burns im Subaru siegt in Kenia dank der scheinbar unzerstörbaren Pirelli-Reifen. Rechts: Bad boy – Gilles Panizzi fällt unangenehm auf. Darüber: Viel Arbeit – bei Ford bereiten die Stoßdämpfer Schwierigkeiten

Rechts: Feiertag auf dem Land – wenn die Safari-Rallye kommt, stehen auch mitten in der Einsamkeit Tausende von Fans an der Strecke. Unten: Schiebung– Freddy Loix und Sven Smeets müssen ein Anlasser-Problem lösen

Oben: Shopping – Sieger Richard Burns nimmt aus Kenia nicht nur viele Pokale als Andenken mit

Links: Staub aufgewirbelt – Armin Schwarz sammelt Marken-Punkte für Skoda. Unten: Leih-Arbeiter – VW-Mann Jürgen Bertl hilft Skoda-Chef Pavel Janeba mit seinen Safari-Erfahrungen

Viel Einsatz, wenig Lohn – Ford-Pilot Colin McRae ist Dritter, als ihn ein Motorschaden stoppt. Oben: Härte-Test – auch die Bremsscheiben müssen extreme Belastungen aushalten

Straßen sind mit ihren tiefen Löchern so schlecht wie sonst nirgendwo.
„Hier gewinnen häufig Neulinge", weiß Weltmeister Tommi Mäkinen aus eigener Erfahrung. Schließlich fuhr er 1996 bei seiner ersten Safari-Rallye zum Sieg. „Wer erstmals hier startet, macht sich am wenigsten Gedanken, wie er sein Auto ins Ziel retten kann. Er fährt ganz unbefangen." Die These mag stimmen: Auch Alt-Star Juha Kankkunen siegte 1985 bei seinem Kenia-Debüt.
Ebenfalls typisch für Kenia ist eine weitere Gefahr – Malaria. „Ich habe die Vorsorgetabletten früher nicht gut vertragen", erklärt Ford-Junior Petter Solberg. „Jetzt endlich habe ich eine Lösung gefunden. Ich habe das Mittel vor der Rallye genommen, mache eine Pause und nehme die Tabletten nach meiner Rückkehr wieder." Obwohl die Teamärzte allen Fahrern die obligatorische Malaria-Prophylaxe in die

Safari

Hand drücken, agiert nicht jeder so brav wie Solberg. Viele ältere Piloten nehmen die Tabletten zwar an, vergraben sie ganz tief im Koffer – und lassen sie dort. „Das ist russisches Roulette", ärgert sich Subaru-Arzt Melvyn Wheeler. „Leider sind wir dagegen machtlos."
Nicht nur die Malaria-Mücken sind gefährlich: Bei einem schweren Unfall zog sich im Vorjahr Mitsubishi-Pilot Freddy Loix einen Wirbelbruch zu. Der Belgier Bruno Thiry erlitt im Jahr davor einen Rippenbruch im Training. Auch wer mit dem Mietauto durch Afrika tourt, lebt gefährlich. Ausgebrannte Autowracks am Straßenrand sind stumme Zeugen der hohen Unfallquote im Land.
Die Wertungsprüfungen sind sehr hart, steinig und lang. Die gesamte Rallye ist mit rund 1000 gezeiteten Kilometern mehr als zweieinhalbmal so lang wie jeder andere WM-Lauf. Viele Wertungsprüfungen sind länger als 100 Kilometer – eine Tortur für Mensch und Material.
Noch immer ist die Route faszinierend: Die Rallyeautos rollen durch die verstopften Straßen der Hauptstadt Nairobi, dann entlang der Ngong-Berge – dort wo einst der berühmte Film „Jenseits von Afrika" gedreht wurde. Am zweiten Tag führt die Rallye in den Norden durch die tiefe Schlucht des Rift-Valleys, entlang dem Lake Baringo, dem Millionen Flamingos einen rosafarbenen Schimmer verleihen, bis hinunter zum Äquator.
Für die Schönheiten und die Exotik des Landes haben die Fahrer jedoch keine Zeit. Nirgendwo sind Kondition, Konzentration und Taktik so wichtig wie in Afrika. Für Neuankömmlinge ist die Safari des-

„Big Mäk": Beginn einer Pechsträhne

Vier Jahre lang war der Finne Tommi Mäkinen das Maß aller Dinge in der Rallye-WM. Der Mitsubishi-Werkspilot fuhr von Sieg zu Sieg, eilte von Titel zu Titel. Und selbst wenn die Situation schon fast aussichtslos schien: Immer hatte „Big Mäk" das Glück auf seiner Seite. So auch Ende 1998, als Carlos Sainz den WM-Titel schon fast sicher hatte, dann doch noch wenige hundert Meter vom Ziel entfernt ausfiel und der Titel an Mäkinen ging.
Doch in der Saison 2000, nach seinem Sieg zum Auftakt bei der Rallye Monte Carlo, scheint Tommi Mäkinens Erfolgsserie endgültig beendet. In Kenia scheidet der 35-jährige schon nach zwei Prüfungen aus. Auch danach bleibt er ohne Glück: Ausfall in Portugal, Griechenland und Neuseeland. Und wenn Mäkinen ins Ziel kommt, fährt er hinterher. Der Rekord-Weltmeister spielt im Titelkampf der Saison 2000 spätestens seit der „Safari" keine Rolle. Zu Beginn des Jahres ist der viermalige Champion überdies gesundheitlich angeschlagen. Eine hartnäckige Nebenhöhlenentzündung macht ihm zu schaffen. Auch nach seiner Genesung läuft es nicht wie gewünscht. Einer der Gründe: Mäkinens Mitsubishi ist technisch ausgereizt. Für die Saison 2001 plant das Team ein neues World Rally Car. Um die Zeit bis dahin sinnvoll zu überbrücken, wird für Mäkinen eine verbesserte Version des alten Mitsubishi gebaut. Auch damit hat Mäkinen anfangs größere Probleme.
In einem noch schlimmeren Tief steckt Mäkinens junger Teamkollege Freddy Loix. Der Belgier, vor zwei Jahren bei Toyota einer der aufstrebenden Fahrer in der WM, kommt mit dem Mitsubishi Carisma überhaupt nicht zurecht. Trotz zusätzlicher Tests hadert er mit seinem Arbeitsgerät. „Dieses Auto ist für Tommi Mäkinen gebaut, auf seinen Fahrstil mit Linksbremsen angepasst. Aber mein Fahrstil ist ganz anders." Erst nach eineinhalb Jahren bei Mitsubishi wird er bei der Zypern-Rallye im September seine allererste Bestzeit erzielen.

Bauchlandung – Titelverteidiger Tommi Mäkinen muss seine WM-Attacke immer weiter verschieben

Rechts: Nullrunde – Beide Werks-Peugeot kommen nicht ins Ziel. Unten: Familien-Bande – Vater Rudi und Sohn Manfred Stohl pilotieren zwei weiße Mitsubishi in der Gruppe N

Rechts: Spektakulär – Ford-Junior Petter Solberg wird bei seinem zweiten Safari-Einsatz guter Fünfter

halb oft ein Schock, ein Eintauchen in eine fremde Welt. Dass muss auch der französische Asphalt-Spezialist Gilles Panizzi erkennen. Auf der ersten, 112 Kilometer langen Prüfung geht er viel zu ehrgeizig zu Werke und demoliert bei einem Dreher die Radaufhängung seines Peugeot. Dadurch fällt er im Klassement weit zurück und muss auf der nächsten Prüfung hinter dem Gruppe N-Subaru des Argentiniers Sanchez fahren. Panizzi läuft auf, kann im Staub aber nicht überholen. Der hitzköpfige Franzose weiß nicht, dass Sanchez vor ihm nicht einmal ahnt, dass einer in seinem Staub schmort.
An der nächsten Zeitkontrolle hat sich Gilles Panizzis Wut so gesteigert, dass er sich aus dem Auto und auf seinen Vordermann stürzt und ihn verprügeln will. Leider vergisst der Franzose in seiner Rage, dass die ganze Szene auf seiner eigenen Inboard-Kamera festgehalten wird und dem Weltverband FIA perfektes Beweismaterial frei Haus liefert. Die unüberlegte Aktion kostet Panizzi 50.000 Dollar Strafe und eine herbe Kritik von Peugeot-Sportchef Corrado Provera. „So etwas

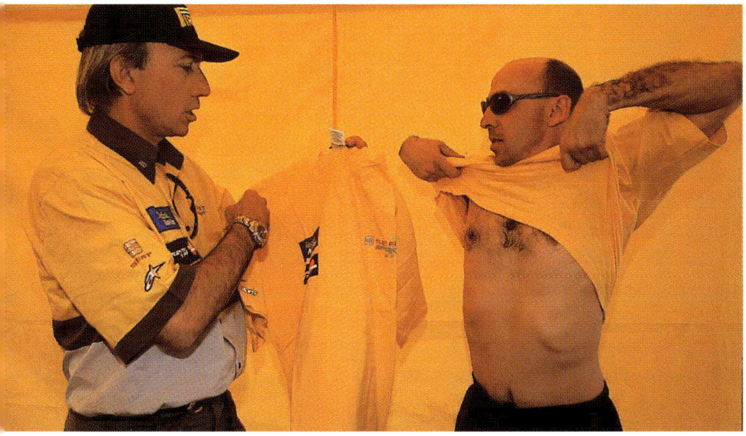

Oben: Out of Africa – Toni Gardemeister muss schon früh aufgeben. Links: Anziehen, anziehen! Seat-Pilot Didier Auriol treibt den T-Shirt-Verbrauch seines Teams in die Höhe

darf einem Profi nicht passieren", grollt der Seat-Boss.
Zu diesem Zeitpunkt ist der Finne Toni Gardemeister längst nicht mehr dabei. Wegen eines Crashs beim Test vor der Rallye tritt Beifahrer Paavo Lukander mit heftigen Rückenschmerzen an. Dann kracht Gardemeister auf der ersten Etappe gegen einen Stein, der Rallye-Seat verliert eine Tür. Fahrer und Beifahrer atmen so viel Staub ein, dass sie fast ohnmächtig am Service eintreffen. Das Auto kann zwar repariert werden, doch Gardemeister und Lukander müssen erschöpft aufgeben.
Die Ausfallquote ist in Kenia traditionell sehr hoch. Nur 17 von 51 gestarteten Teams sehen nach drei Rallyetagen das Ziel. Auch Weltmeister Tommi Mäkinen fällt aus. Er hat auf einer Prüfung gleich drei Reifenschäden. „Was willst Du tun, wenn Du nur zwei Ersatzräder dabei hast?" fragt er. Mäkinen macht das Naheliegende und versucht, auf der Felge weiterzufahren. Doch der Service ist zu weit entfernt. Irgendwann stirbt Mäkinens Motor ab – Aus.
Auch viel Erfahrung ist keine Garantie für Erfolg. Der Österreicher Rudi Stohl ist mit 17 Safari-Starts ein echter Kenner von Land und Leuten. Er will seinen Sohn Manfred mit einem Mitsubishi im Fight um den Titel in der seriennahen Gruppe N unterstützen. Doch Papa Stohl hat schon auf der ersten Prüfung zwei Reifenschäden. Weil der Wagenheber versagt, muss er sich von einem nachfolgenden Team Ersatz borgen. Das kostet Zeit. Dann bremst ihn ein defekter Stoßdämpfer. Weil es später wird als erwartet, reicht ihm sein Team an einer Tankzone hinter dem Service Lampen ins Auto – ein klarer Verstoss gegen die Service-Regeln. Die Veranstalter zeigen Härte für den inzwischen auf Rang 20 zurückgefallenen Österreicher und disqualifizieren ihn. Trost für die Familie Stohl: Sohn Manfred kassiert mit Rang drei in der Gruppe N wichtige Punkte für die Weltmeisterschaft.
Ohne Probleme verläuft die Rallye dagegen für Subaru-Mann Richard Burns. Ebenso wie Teamkollege Juha Kankkunen hat er keinen einzigen Reifenschaden. Fast alle anderen Konkurrenten müssen dagegen unterwegs anhalten und platte Reifen wechseln. Das bringt dem Subaru-Team am Ende den überlegenen Doppelsieg. „Die Pirelli-Reifen waren ein

Safari

Faktor für den Erfolg", ist sich Burns sicher. Denn anders als Konkurrent Michelin hat Subarus Reifenpartner die Tradition weiterentwickelt, Reifen zu bauen, die auch ohne das Schaum-Sicherheitssystem die Belastungen einer „Safari" aushalten. Michelin hingegen setzt seit Jahren auf die Mousse-Technologie, die allerdings bei der heißen und harten „Safari" nicht eingesetzt werden kann. Klarer Erfolg also für Pirelli: Vier der ersten sechs Autos rollen auf Gummis des italienischen Herstellers. So auch der Franzose Didier Auriol, der mit Rang drei für Jubel bei der Seat-Mannschaft sorgt.
Sieger Richard Burns strahlt: „Wir hatten uns sehr gut auf diese Rallye vorbereitet, ein gutes Training gehabt und ein perfektes Team. Wenn alles so stimmt, ist ein Sieg einfach." Schade für Burns: Als der Brite am Stadtrand von Nairobi im edlen Safari Club über die Zielrampe fährt, sind kaum kenianische Zuschauer dabei. Denn nur wenige Fans bekommen überhaupt etwas von der Rallye mit.
„Früher war Kenia im Rallye-Fieber", erinnert sich Fotograf Reinhard Klein. Der Grund: Der Weltverband FIA hat die Rundfunkrechte stark verteuert. Die kenianischen Sender können sich die Übertragung nicht mehr leisten. „Aber Radio ist das Hauptmedium in Afrika", erklärt Klein. „Welcher Dorfbewohner im Rift-Valley hat schon einen Fernseher in seiner Hütte oder eine Tageszeitung abonniert?" Noch vor einigen Jahren wurde ständig im Radio von der Rallye berichtet, damals wusste jeder Einheimische, wo und wann er die Autos sehen konnte. Aber das waren die guten alten Zeiten der „Safari"... ■

Portugal Der zweite Streich

Kaum hat die Portugal-Rallye begonnen, erreicht das Subaru-Werksteam bereits ein hektischer Funkspruch. „Ich hatte gedacht, die Prüfung wäre schon etwas sauberer, wenn ich dran bin“, erzählt der Finne Juha Kankkunen seinem Cheftechniker David Lapworth. Wenn ein Fahrer allerdings von unterwegs sein Team anfunkt, dann macht er dies in der Regel nicht, um über seine Gedanken und Gefühle zu plaudern. Deshalb wartet Lapworth besorgt, was sein Fahrer sonst noch zu erzählen hat. „Weil die Prüfung dreckiger war, als ich dachte, bin ich zwei Kilometer nach dem Start von der Strecke abgekommen und habe den Kühler beschädigt.“ Im Klartext: Kankkunens Subaru ist so stark beschädigt, dass er nicht mehr weiterfahren kann. Doch der Finne ist in guter Gesellschaft: Auf der ersten Etappe ist für zwei weitere Ex-Weltmeister die Rallye beendet. Tommi Mäkinen trifft einen Baumstumpf und reißt seinem Mitsubishi ein Rad aus. Und Ford-Mann Colin McRae strandet mit einem Motorschaden in den portugiesischen Wäldern.

Der Ausfall von Juha Kankkunen trifft das Subaru-Werksteam allerdings hart. „Wir haben in den letzten Monaten sehr konzentriert gearbeitet und ein neues Auto gebaut“, erklärt Cheftechniker David Lapworth. Eine starke Doppelbelastung für das gesamte Team, denn während die Mannschaft für die laufende Saison schuftete

**Rechts: Herr Burns, zum Diktat – der Sieger im Medien-Rummel.
Unten: Nichts zu sehen – Staub und Dämmerung in den Wäldern**

Oben: Außen alt, innen neu – Subaru startet in Portugal mit zwei brandneuen Autos

Oben: Überflieger – Peugeot-Mann Marcus Grönholm kämpft auch in Portugal wieder um die Spitzenposition

Rechts: Rekord-Jump – Armin Schwarz springt dank früherer Toyota-Einsätze am weitesten

Portugal

und Autos für die „Monte", Schweden und die Safari-Rallye baute, wurde gleichzeitig das neue Rallyeauto entwickelt.

Der Subaru Impreza WRC 2000 sieht zwar genauso aus wie sein Vorgänger, doch unter dem blauen Blech ist fast alles anders. „90 Prozent der Teile sind brandneu", so Lapworth. „Wir haben alle Ideen der letzten Monate umgesetzt." Vor allem die Gewichtsverteilung wurde stark verbessert: Der Motorkühler ist weiter nach hinten gerückt, der Tank einige Zentimeter nach vorn gewandert.

Die Fahrer sind begeistert. „Das Handling ist viel besser, das Auto fährt sich nun stärker wie ein Renn- als ein Rallyeauto", beschreibt Juha Kankkunen. „Es lässt sich dadurch besser abstimmen. Und in den Kurven kann ich viel früher wieder aufs Gas gehen." Deshalb ist der Finne besonders enttäuscht, dass er nun die Heimreise antreten muss. Doch bei Subaru hat man den Impreza nicht nur für die Saison 2000 entwickelt. „Wir haben viele Komponenten schon im Hinblick auf den Subaru-Nachfolger gebaut, der im kommenden Jahr erstmals eingesetzt wird", verrät David Lapworth. „Es ist immer ein Risiko, mit einem ganz neuen Auto zu fahren. Aber ich bin überzeugt, wir werden in dieser Saison mit dem neuen Subaru mehr Punkte holen, als wir es mit dem alten könnten."

Nun ist Richard Burns in Portugal der Mann, auf dem die Hoffnungen der Subaru-Mannschaft ruhen. Der Brite ist nach seinem Sieg bei der Safari-Rallye frisch motiviert und strotzt vor Selbstwertgefühl. So ist es kein Wunder, dass er zunächst die Führung übernimmt. Doch gegen technische Probleme hilft auch kein strahlendes Selbstbewusstsein: Bei Richard Burns streikt die Servolenkung. Der Brite fällt auf den zweiten Platz hinter dem Peugeot-Piloten Marcus Grönholm zurück. „Der Defekt hat nichts mit dem neuen Auto zu tun", verteidigt sich Ingenieur David Lapworth. „Das Teil, das an Richards Lenkung kaputtging, ist bei uns schon seit den Zeiten des Legacy im Einsatz…"

Doch Richard Burns lässt sich nicht unterkriegen. Auf der zweiten Etappe startet er eine starke Aufholjagd und fährt auf den ersten sechs Prüfungen fünf Bestzeiten. Konkurrent Marcus Grönholm ist machtlos: „Richard ist einfach viel zu schnell", muss der Sieger der Schweden-Rallye zugeben und seinem britischen Gegner zunächst den Vortritt lassen.

Doch die Entscheidung um den Sieg ist noch längst nicht gefallen. Grönholm liegt vor den letzten drei Prüfungen der zweiten Etappe nur magere zehn Sekunden hinter Richard Burns zurück. Es ist später Nachmittag. Am Service in den Wäldern von Arganil gönnt sich Grönholm eine Pause, isst einige Nudeln. Unerwartet dauert der Servicestopp dann viel länger als geplant: Durch einen Unfall im Mittelfeld hat die Rallye Verspätung.

Oben: Süsse Rache – Ex-Seat-Pilot Rovanperä fährt mit einem privaten Toyota vor den Werks-Seat. Rechts: Skeptisch – Peugeot-Mann Grönholm

Die unplanmäßige Pause droht das Klassement zu beeinflussen. Denn als der Rallyetross an den letzten drei Prüfungen eintrifft, dämmert es bereits. „Es wird Probleme mit dem Staub geben", meint Richard Burns mit einem besorgten Blick zum Himmel. „Es ist abends hier immer fast windstill. Der Staub wird nicht vom Wind weggetrieben und bleibt in den Bäumen hängen." Verstärkt wird das Problem durch die tiefstehende Sonne, die für ein diffuses Licht sorgt. Der Brite behält Recht: Auf den letzten Prüfungen fahren die meisten Teams fast im Blindflug durch den Wald. „Wir konnten nur einige Meter weit sehen", kommentiert Peugeot-Pilot François Delecour atemlos. „Es war brandgefährlich", ereifert sich Richard Burns. „Wir hatten keine Sicht, der Staub war wie dichter Nebel. Es ist auch gefährlich für die Fans. Was passiert, wenn wir die Strecke verpassen?" Kritik an den Veranstaltern wird laut: „Man hätte die Prüfungen absagen müssen", schimpfen einige Fahrer. „Oder man hätte die Zeit zwischen den einzelnen Fahrzeugen vergrößern müssen."

Nur ein Mann hat keine Probleme mit dem Staub: Peugeot-Pilot Marcus Grönholm, der als Erster auf die Strecke geht, hat freie

Links: Michael Guest im Hyundai. Unten: Uns Uwe – Nittel fällt früh aus

ɔen: Nicht zu hlagen – guel Campos ɛgt in der uppe N

nten: Im Tief – mmi Mäkinen ällt schon auf der ersten Etappe aus

Sicht. Das hilft ihm, die Spitzenposition zurückzuerobern. Vor der letzten Etappe liegt Grönholm wieder mit 15 Sekunden Vorsprung vorn.

Aber Richard Burns, der schon einmal die Führung zurückerobert hat, gibt auch jetzt nicht auf. Auf der letzten Etappe fährt der Brite auf allen drei Prüfungen Bestzeiten. Vor der letzten WP liegt er 1,7 Sekunden vorn. Der Brite lässt sich den Sieg nicht mehr nehmen: Auch auf der letzten Prüfung ist er schneller als Grönholm und sichert sich den zweiten Saisonsieg.

Für Richard Burns ist das ein besonderer Erfolg. Denn nach eineinhalb Jahren ist er der erste Fahrer, der den viermaligen Weltmeister Tommi Mäkinen an der Tabellenspitze der Weltmeisterschaft ablöst. „Ich bin der erste Engländer, der die WM anführt, ich will auch der erste englische Rallye-Weltmeister werden", meint Richard Burns stolz, für den der schottische Ex-Weltmeister Colin McRae zwar Brite, aber eben kein Engländer ist. „Hier gleich mit dem neuen Auto zu siegen, war eine tolle Teamleistung", lobt Cheftechniker Lapworth. „Unser Erfolg gebürt zu 40 Prozent Richard, zu 40 Prozent dem Auto und zu 20 Prozent den Reifen." Besonders auf Schotter ist die Kombination Pirelli und Subaru traditionell stark.

Peugeot-Pilot Marcus Grönholm, knapp unterlegen, aber nicht entmutigt, lässt sich von der Stärke der Konkurrenz überhaupt nicht beeindrucken. „Wir bekommen ab der Spanien-Rallye einen neuen Motor. Dann schlage ich zurück", verkündet der Finne. ■

Hyundai: Hersteller Nummer sieben

In der laufenden Saison gibt es einen siebten Hersteller im Kampf um die Rallye-Weltmeisterschaft: Hyundai. Die Koreaner, die bereits bei der Schweden-Rallye das Debüt des Hyundai Accent World Rally Cars gefeiert haben, verzichten anders als Peugeot oder Skoda auf die Schonfrist für Neueinsteiger und nehmen die Sonderregelung des Weltverbandes FIA, nur ein begrenztes Programm zu bestreiten, nicht in Anspruch.

Hyundai lässt lediglich die „Monte" und die Safari-Rallye aus. Denn beide Rallyes sind sehr speziell, teuer und aufwendig. Ab der Portugal-Rallye bestreitet Hyundai das volle WM-Programm, verzichtet zur Jahresmitte allerdings auf die kurzfristig als Ersatzlauf für die abgesagte China-Rallye ins Programm aufgenommene Zypern-Rallye, um sich besser auf die Asphalt-Rallyes auf Korsika und in San Remo vorzubereiten.

In der Weltmeisterschaft ist Hyundai kein echter Neuling. Denn bereits 1998 stiegen die Koreaner mit einem Hyundai Coupé in die Zweiliter-Weltmeisterschaft ein. Besonders auf Asphalt war der frontangetriebene und schwere Hyundai allerdings nicht konkurrenzfähig.

Für die Entwicklung und den Einsatz des Coupé und später für den Bau des neuen Accent World Rally Car ist das britische MSD-Team zuständig. MSD hat bereits Erfahrung im Rallyesport: In den 80er und zu Beginn der 90er Jahre entwickelten die Briten Rallyeautos für Opel. Später baute MSD Tourenwagen für Opel, Honda und Peugeot.

Bei der Fahrerwahl vertraut Hyundai auf die beiden Piloten, die bereits im Vorjahr das Zweiliter-Kitcar bewegt hatten: den Schweden Kenneth Eriksson und den Schotten Alister McRae, den Bruder von Ex-Weltmeister Colin. Die Saison 2000 ist für Hyundai eine Lernphase. Besonders auf Asphalt hat der Neueinsteiger noch Defizite. Bei Schotter-Rallyes kommt der Accent WRC deutlich besser zurecht: In Argentinien sammelt Hyundai die ersten Marken-WM-Punkte.

Abenteuer WM – Hyundai ist in der Saison 2000 mit einem brandneuen World Rally Car am Start

Ford
focus
MARTINI
RACING
MICHELIN
MARTINI

Spanien

Mac is back

Herausfordernd – Spanien-Sieger McRae und sein Ford Focus. Rechts: Schreck am frühen Morgen – das Ford-Team wechselt in Rekordzeit die Kupplung

Armin Schwarz: Bestzeit für Skoda

Bei Skoda gibt es in Spanien erstmals einen größeren Erfolg zu feiern. Skoda-Werkspilot Armin Schwarz erringt die erste Bestzeit für die tschechische Marke, die seit Anfang 1999 in der Rallye-WM unterwegs ist und in der Saison 2000 nur ein begrenztes Programm absolviert.
Während sich die Team-Bosse richtig freuen, bleibt Schwarz selbst skeptisch. Denn die Bestzeit auf einer Prüfung mit sehr schwierigen Verhältnissen ist eher auf fahrerische Leistung und perfekte Reifenwahl zurückzuführen als auf die technische Stärke des Skoda.
Überhaupt prallen bei Skoda häufig westliches Erfolgsdenken und tschechische „Das-haben-wir-schon-immer-so-gemacht"-Mentalität aufeinander. Eine geplante Neu-Homologation des Turboladers beispielsweise wird um einige Monate erst auf die Akropolis-Rallye, dann bis zur Rallye Zypern verschoben, sehr zur Enttäuschung von Armin Schwarz. Der Deutsche muss mit seinem Skoda oft mehr als die Konkurrenz riskieren, um gute Zeiten zu erringen. „Armin ist ein sehr guter Fahrer. Seine große Erfahrung hilft uns", lobt Teamchef Pavel Janeba. „Doch Armin will immer mehr, er macht viel Druck. Das ist eine gute Basis. Aber nicht alles ist möglich. Vieles geht nicht so schnell, wie wir es wollen. Wir prüfen, was machbar ist."
Und das geht Schwarz viel zu langsam. Er macht im Team Stress, will Verbesserungen und Fortschritte sehen und den Anschluss an die anderen Teams schaffen.
Es gibt einige Erfolgserlebnisse: Der Skoda Octavia macht fehlende Motorleistung durch Zuverlässigkeit wett. Das Tschechen-Taxi kommt fast immer ins Ziel, auch bei den extrem harten Rallyes in Kenia und Griechenland. Nur deshalb kann Skoda mit Armin Schwarz häufig Punkte in der Marken-Weltmeisterschaft sammeln. Zur Saisonmitte liegt Skoda in der Hersteller-Wertung sogar vor dem größeren, technisch und finanziell besser ausgestatteten Seat-Werksteam.

Armin Schwarz hat nach zwei Jahren im Skoda-Werksteam das Lachen noch nicht verlernt

Oben: Wieder kein Glück – wie in den letzten Jahren kommt Jesus Puras im Citroën-Kitcar nicht ins Ziel

Oben: Nummer 1 – Carlos Sainz hat auch skurrile Fans

Ein Land im Carlos-Fieber: Gleichgültig ob beim Shakedown-Test, dem letzten Abstimmungstest vor der Rallye, an den Zeitkontrollen oder auf den Verbindungsetappen: Ford-Pilot Carlos Sainz ist in seiner Heimat ein Volksheld. Überall wo der 38 Jahre alte Spanier auftaucht, wird er von seinen Landsleuten fast erdrückt.
Immer wieder wird der Ford-Werkspilot gefragt, ob der Druck bei seiner Heimrallye größer sei, als als bei den übrigen 13 WM-Rallyes. „Jeder der mich kennt, weiß, dass ich alle Rallyes gleich angehe, dass ich überall höchst motiviert bin und immer das Beste schaffen will." Trotzdem ist die Spanien-Rallye an der Costa Brava für Sainz etwas Besonderes: Anders als sonst sind Ehefrau Raies und die Kinder dabei, sie stehen am Ford-Service und drücken die Daumen. „Und vor der Rallye hatte ich starke Kopfschmerzen", meint Sainz. „Es gab einfach viel mehr zu tun als sonst." Fototermine, Interviews und Autogramme – alle wollten etwas von „Carlos Promero".
Der große Favorit auf den Sieg ist der Spanier trotzdem nicht. Denn seit 14 Rallyes hat das Ford-Werksteam in der Weltmeisterschaft keinen Erfolg mehr gelandet. Sainz' Teamkollege Colin McRae ist in den Monaten zuvor nur einmal ins Ziel gekommen. Zwar ist der neue Ford Focus auch in seinem zweiten Wettbewerbsjahr schnell, aber es fehlt noch an Zuverlässigkeit, immer wieder lassen ihn Defekte ausrollen. Zuletzt wurde die Mannschaft um Teamchef Malcolm Wilson durch Motorschäden eingebremst. Diese Probleme – drei Ausfälle in vier Rallyes – sieht Ford-Cheftechniker Günther Steiner vor allem durch den Tuner-Wechsel von Mountune zu Cosworth begründet: „Auch die Leute von Cosworth brauchen Zeit, um sich einzuarbeiten."
Steiner übt sich in Optimismus: „Das Auto ist viel besser als letztes Jahr. Wir fahren regelmäßig Bestzeiten." Harte Kritik am Team gibt es trotzdem von Fahrer Carlos Sainz. „Ein Fahrer kann ein Auto nicht zuverlässig machen, dass muss im Team geschehen", fordert der Spanier. „Wir fahren die Autos, wir crashen und wir sagen, was falsch ist. Mehr können wir nicht machen. Den Rest muss das Team erledigen."
Und es wird in der Rallye-WM immer schwerer, gute Resultate zu erzielen. Denn auch die Konkurrenz von Ford hat aufgerüstet: Seit Portugal tritt Subaru mit einem verbesserten Auto an, in Spanien rollt erstmals die Evolutionsversion des Peugeot 206 an den Start.
Doch wie schwer es ist, ein perfektes Rallyeauto zu bauen, müssen auch die Franzosen bitter erkennen. Der neue Peugeot läuft keineswegs reibungslos. „Um ehrlich zu sein, wir sind zutiefst enttäuscht", kommentiert Sportchef Corrado Provera. „Wir sind gekommen, um zu gewinnen." Doch nach der ersten Etappe belegen die drei 206 nur die Ränge fünf bis sieben, der neue Motor bringt nicht die erwartete Leistung. Zudem kämpft Marcus Grönholm mit Getriebeproblemen. „Wir müssen noch etwas Feintuning an der Motor-Elektronik betreiben", gibt Peugeot-Cheftechniker Michel Nandan zu. Kleiner Trost für die Franzosen: Alle drei Peugeot kommen ins Ziel, Grönholm und Panizzi sammeln sogar Punkte in der Fahrer-Wertung.
Bei Ford ist Carlos Sainz zunächst nicht zufrieden. „Das Auto untersteuert stark, die Vorderreifen bauen extrem schnell ab", klagt der Spanier zu Beginn der zweiten Etappe und verändert die Abstimmung. Dann, beim zweiten Durchgang auf „Gratallops", der mit 45 Kilometern längsten Wertungsprüfung der Rallye, ist er endlich halbwegs glücklich: Er fährt die zweitbeste Zeit hinter seinem Teamkollegen Colin McRae.
Und Subaru-Pilot Richard Burns, der schnellste Mann der ersten Etappe, leidet unter einem Getriebedefekt. „Jeder Gangwechsel kostet uns eine halbe Sekunde – und das ist ein echtes Problem", schimpft der Brite, der zwischenzeitlich bis auf elf Sekunden hinter McRae zurückfällt. Mit repariertem Getriebe startet er eine Aufholjagd. Bis zum Ende des Tages hat Burns den Vorsprung des Schotten auf nur noch 4,3 Sekunden verkürzt. „Morgen greife ich

Oben: Der Durchbruch – Armin Schwarz verbucht die erste Bestzeit für Skoda.

Links: Schrott – Adruzilo Lopes' Peugeot

Oben: Fun für Fans – Pinto dos Santos fährt seinen Uralt-Renault nur zur Gaudi

an", verkündet er selbstsicher. „Wenn das Auto dann endlich hundertprozentig läuft, können wir um den Sieg kämpfen."
Auch Ford-Mann Colin McRae ist sich sicher, dass er Siegchancen hat. Doch nach seiner langen Pechsträhne wagt er nicht, ernsthaft an einen Erfolg zu denken. „Es ist gefährlich, optimistisch zu sein", grinst der Schotte, der schließlich schon länger als ein Jahr nicht mehr gesiegt hat.
Dieses Mal scheint alles gutzugehen: Colin McRae beendet die zweite Etappe auf den rauen und reifenmordenden Prüfungen im Bergland von Tarragona als Führender. Carlos Sainz hat mit neun Sekunden Rückstand als Dritter ebenfalls Siegchancen. Bei Ford atmet man leicht auf. Sollte die Pechsträhne nun endlich zu Ende sein?
Der Schock folgt dann am nächsten Morgen. Zum Zehn-Minuten-Service vor der ersten Wertungsprüfung kommt ein aufgeregter Colin McRae. „Wir haben ein Kupplungsproblem", schreit er, Panik schwingt in seiner Stimme mit. Der so nahe Erfolg scheint gefährdet – wie so oft in den letzten Monaten.
Ford-Cheftechniker Günther Steiner reagiert schnell: Vorsichtshalber lässt er das gesamte Kupplungssystem wechseln. Weil die Reparatur aber länger dauert als die zehn Minuten Servicezeit, die eigentlich nur für einen schnellen Reifenwechsel vorgesehen sind, bekommt McRae zehn Sekunden Strafzeit und beginnt die letzte Etappe als Zweiter hinter Richard Burns.
Doch McRae will sich jetzt nicht mehr den Erfolg nehmen lassen. Mit einer Bestzeit auf der ersten Prüfung erkämpft er sich die Spitze zurück. Vor der letzten, alles entscheidenden, 18 Kilometer langen Prüfung trennen nur 5,9 Sekunden den Ford-Pilot von seinem hartnäckigen Verfolger Richard Burns im Subaru.
Beide geben in der letzten Prüfung alles –

und beide sind bis auf die Zehntelsekunde zeitgleich. Der Sieg geht damit an McRae. Wenige Minuten später jedoch erklingen vom Peugeot-Service nebenan laute Jubelschreie. Auf der letzten Prüfung hat ausgerechnet der Schotter-Spezialist Marcus Grönholm die Bestzeit verbucht. Er war noch eine halbe Sekunde schneller als Burns und McRae, die verzweifelt um den Sieg gekämpft haben. „An Marcus verwundert mich mit nichts mehr", grinst Peugeot-Sportchef Provera. Damit kommt Grönholm sogar noch vor seinen auf Asphalt spezialisierten Teamkollegen Delecour und Panizzi ins Ziel und sammelt mit Rang fünf zwei Punkte.
Bei Ford ist die Stimmung gemischt. Einerseits herrscht große Freude darüber, dass der Ford Focus endlich wieder ein Siegerauto ist. Doch Carlos Sainz weiß nicht, ob er sich nun über Rang drei freuen oder lieber ärgern soll, dass in seinem Heimatland ausgerechnet Teamkollege Colin McRae den großen Triumph feiert. „Die Weltmeisterschaft ist sehr eng, das Ergebnis hier ist ein großer Erfolg für Ford", bilanziert er abwesend. Und mit einem Hauch von Selbsterkenntnis fügt er hinzu: „Wir sind zwei anspruchsvolle Fahrer, ich glaube, das Team hat keine leichte Arbeit mit uns, wir fordern von der Mannschaft sehr viel."
Dann kehrt die alte Kampfeslust des Spaniers zurück: „Wir wollen diese Ergebnis demnächst mit einem Doppelsieg toppen. Nur dann will ich vor Colin McRae ins Ziel kommen." Was der Spanier zu diesem Zeitpunkt nicht weiß: Um zu siegen, muss man nicht nur schnell sein. Da spielen auch politische Gründe eine Rolle. Diese Lektion lernt „El Matador" zwei Monate später – in Griechenland. ■

Argentinien

Very british

Waschküche – Im Nebel sehen auf der letzten Etappe weder die Fahrer noch die Fans etwas

Wenn die Teamchefs in der Rallye-Weltmeisterschaft über den harten Wettkampf und die große Leistungsdichte reden, klingt das oft wie aus einem Werbeprospekt für spannenden Motorsport. Doch was in Argentinien passiert, ist Motorsport pur: Drei Fahrer von drei verschiedenen Werksteams führen die schnelle Schotter-Rallye in den Pampas an. Erst Subaru-Pilot Richard Burns. Als der Sieger der WM-Runden in Kenia und Portugal durch Motoraussetzer und einen defekten Turbolader mehr als eine halbe Minute verliert und auf den sechsten Platz zurückfällt, ist plötzlich Peugeot-Pilot Marcus Grönholm vorn.

„Dies ist erst meine zweite Argentinien-Rallye", wundert sich der Finne. „Ich muss mich stark konzentrieren, um mich an die Strecken zu erinnern." Deshalb erobert zwischendurch Ford-Star Carlos Sainz die Führung. Doch am Morgen der zweiten Etappe kracht der Spanier gegen eine massive Leitplanke – der Kühler seines Ford Focus ist so stark beschädigt, dass für Sainz die Rallye beendet ist.

Wieder ist Grönholm vorn, doch der Druck von Richard Burns wird stärker. Mit einer Reihe von Bestzeiten ist der Engländer plötzlich wieder vorn. „Wir haben die besten Reifen für diese Bedingungen", glaubt Burns. Nicht nur das Material macht den Unterschied: Wer in Argentinien erfolgreich sein will, muss sich sehr gut auskennen. Denn die Strecken sind extrem schnell und neben den Schotter-Pisten lauern

berwasser – Richard Burns im baru. Oben: Harte Zeiten für cRae – schon wieder lässt ihn in Ford (links) im Stich

Alle bitte mal kur
anpacken – Ford-Junio
Petter Solberg (rechts
fährt sehr spektakulä
und landet auf der Seit

Argentinien

dicke Felsbrocken, an denen man in Sekundenschnelle ein Rad abmontieren kann, wenn man die optimale Linie auch nur um eine Winzigkeit verlässt.

Unerfahrenheit kann hier schnell das Aus bedeuten. Dass muss Marcus Grönholm bereits vor der Rallye erfahren. Bei einem Test überschlägt er sich mit seinem Peugeot 206 so unglücklich, dass die vordere linke Seite des Dachs stark eingedrückt wird und sogar Grönholms Helm zu Bruch geht. Der Finne hat aber Glück im Unglück: Durchgeschüttelt und mit einem schmerzenden Rücken kann er den Test fortsetzen. Weil das Testauto zerstört ist, wechselt Grönholm aufs Einsatzauto. Ohne größere Probleme kann der Finne dann auch zur Rallye starten.

Rechts: Punkt Nummer eins – Neuling Hyundai sammelt den ersten Zähler in der Marken-WM

In Argentinien ist präzise Fahrweise gefragt. Ein Vorteil für Routiniers wie Juha Kankkunen, Colin McRae und Tommi Mäkinen, die schon seit Jahren in Südamerika um den Sieg kämpfen. Doch in diesem Jahr ist Mäkinen für seine Verhältnisse schwach. Der amtierende Weltmeister klagt über eine falsche Reifenwahl und attackiert nicht so stark wie in den Jahren zuvor. „Ich versuche hier, schnell und vorsichtig zu fahren", verteidigt er sich. Kein Rezept für einen Sieg – für den Finnen reicht es nachher nur zu Rang drei.

Colin McRae, in den vergangenen Jahren immer ein Sieganwärter, ist ständig in der Spitzengruppe vertreten, parkt aber mit einem Motorschaden. Auch Juha Kankkunen spielt lange Zeit seine Routine aus – doch am letzten Tag wirft ihn ein Zusammentreffen mit einem Baum auf den vierten Rang hinter Tommi Mäkinen zurück.

Tückisch sind im Land der saftigen Steaks auch die vielen Wasserdurchfahrten. Das muss Seat-Cheftechniker Benoit Bagur sehr schmerzlich feststellen. Bereits auf der ersten Etappe rollen die beiden Seat Cordoba von Didier Auriol und Toni Gardemeister mit Kupplungsschäden aus. „Ich kam durch eine Wasserdurchfahrt, meine Kupplung begann zu rutschen", berichtet Didier Auriol später. „Dann sah ich Toni parken und wusste, dass er das gleiche Problem hat." Wenige hundert Meter weiter ist auch für Auriol die Rallye beendet. Doch Seat nutzt die Zeit: Während die Konkurrenz noch um Punkte kämpft, testet die spanische Truppe in der Nähe und löst das Kupplungsproblem. „Wir haben die Kupplung modifiziert, Didier ist immer

Abgesoffen – beide Seat stranden mit defekten Kupplungen nach einer Wasserdurchfahrt

Oben: Test misslungen, Rallye gut gelaufen – Grönholm wird Zweiter. Links: Nicht glücklich – Argentinien-Spezialist Tommi Mäkinen rollt kraftlos auf Rang drei

wieder durchs Wasser gefahren und die Probleme sind nicht wieder aufgetreten", bestätigt Cheftechniker Benoit Bagur.
Der letzte Tag der Rallye ist fast eine One-Man-Show: Richard Burns fährt auf vier der letzten sechs Wertungsprüfungen Bestzeit. Und trotzdem ist die Rallye weit davon entfernt, langweilig zu werden. Burns geht mit einem Vorsprung von 33 Sekunden in die letzte Prüfung. Doch diese letzten 16,77 Kilometer haben es in sich: Die Prüfung „El Condor" zieht sich durch das steinige Bergland. Es herrscht dichter Nebel. Tausende von Fans, die oberhalb der Prüfungen auf einer Bergstraße stehen, werden enttäuscht: Sie sehen nur eine weiße Waschküche. „Mehr konnte man unten auch nicht sehen", berichtet Richard Burns nachher. „Wir konnten die Strecke nur erahnen." Doch wieder lässt er sich den Sieg nicht nehmen. Mit einem souveränen Vorsprung von 67 Sekunden feiert Burns seinen dritten Saisonsieg. Nach seinen Problemen am ersten Tag hat er gigantische 106 Sekunden auf die Konkurrenz aufgeholt. ■

WM-Teams auf Weltreise

Ein komplettes WM-Team zur Argentinien-Rallye zu schaffen, ist eine logistische Glanzleistung. Es müssen die Mechaniker ins Zielgebiet geflogen werden, Material, Ersatzteile, Rallyeautos, Trainingsautos, Testautos, Service-Trucks und anderes müssen rechtzeitig bei der Rallye eintreffen.
Bereits Wochen vor dem Start der Argentinien-Rallye laufen bei den Teams die Vorbereitungen auf Hochtouren.
Die meisten Werksteams machen es wie Peugeot: Die Einsatzautos werden per Luftfracht nach Cordoba geschafft, das restliche Material wird verschifft.
Eine WM-Mannschaft braucht sechs Container, randvoll beladen mit Trainingsautos, Trucks und Kombis, mit Ersatzteilen und Elektronik. Die meisten Teams reduzieren ihren Aufwand für die Übersee-Rallyes. Subaru beispielsweise verzichtet dann auf den „Comet", jenes Allzweck-Büro-Café-Mobil, das bei den europäischen Rallyes der Zufluchtsort von Teamleitung und Gästen ist.
Dabei ist Argentinien weder die erste noch die letzte Station der Material-Seereise. Die Container schwimmen von der Safari-Rallye nach Argentinien, von dort weiter nach Neuseeland und Australien. Manchmal lohnen sich Kompromisse auch in Europa. Es ist einfacher, von Zypern kommend ein Auto in einer gemieteten Werkstatt in Korsika wieder aufzubauen, als es erst nach England zurückzutransportieren.
Bei jedem Team sind zwei bis drei Leute für die Logistik zuständig. Sie kümmern sich darum, dass das Material rechtzeitig eintrifft, sie buchen Hotelzimmer und Flüge. Sind Mitarbeiter und das Material in Cordoba eingetroffen, geht die Arbeit richtig los. Zwei Wochen vor dem Start der Rallye nisten sich die Teams in einer Werkstatt ein. In der Basis im fremden Land werden die Container ausgepackt, Rallyeautos und Servicefahrzeuge für den Einsatz vorbereitet.
Viele Teams nutzen das Know-how und die Ortskenntnis von einheimischen Helfern. Bei Peugeot zum Beispiel, wo man viel Wert auf gute Küche legt, nimmt der Teamkoch Kontakt zu ortsansässigen Restaurants auf und kauft dort die Verpflegung für die Rallye.

Treffpunkt – Subaru hat ein Café- und-Büro-Mobil, das allerdings nicht bei Übersee-Rallyes eingesetzt wird

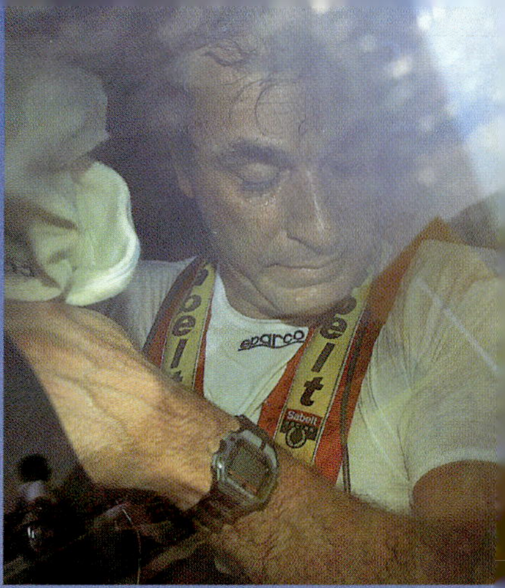

Sauer – Carlos Sainz überlässt seinem Teamkollegen McRae widerwillig den Sieg

Schöner Schein – beim Ford-Doppelsieg in Griechenland gibt es keine technischen Problem, dafür aber Querelen im Team

...bis die *Akropolis* Hölle gefriert

Enttäuscht – Colin McRae fühlt sich von Sainz betrogen, weil er trotz Absprache attackiert

Rechts: Tourismus-Kampagne – Hamed Al-Wahaibi aus dem Oman macht Werbung für sein Land. Unten: Fieberkurve – ein Michelin-Techniker prüft die Reifen-Temperatur

Glühendes Land - Die Akropolis is eine der heißester und staubigster Rallyes in de Weltmeisterschaf

Rad ab – bei Mitsubishi brechen die Radnaben. Tommi Mäkinen und Freddy Loix geben schon auf der ersten Etappe auf

Akropolis

Panik schwingt in Tommi Mäkinens Stimme mit, als er sich über Funk bei Teammanager Phil Short meldet. „Wir haben eine Mauer touchiert und das rechte Hinterrad abgerissen", erklärt der viermalige Weltmeister. Damit scheint der Traum von einem Sieg in Griechenland ausgeträumt. „Diese Rallye war nie gut zu mir", erinnert sich Mäkinen, der noch nie bei der rauen Akropolis-Rallye siegen konnte. Auf drei Rädern schleppt Mäkinen seinen Mitsubishi an den Service. Dort angekommen, sieht er, wie die Mechaniker schon teilweise einpacken: Teamkollege Freddy Loix ist bereits ausgefallen. „Wir haben nichts getroffen", verteidigt sich der junge Belgier über Funk. „In einer langsamen LInkskurve passierte hinten etwas am Auto. Wir haben ein Rad verloren, haben es aber noch aus der Prüfung geschafft." Weil Freddy Loix bis zum nächsten Service allerdings noch zwei Wertungsprüfungen fahren muss und das Heck seines Mitsubishi über den unnachgiebigen Felsboden schleift, gibt er auf.

Mäkinens Auto wird am Service repariert. Als der Finne wieder auf die Zeitenjagd gehen will, löst sich wieder ein Hinterrad. Für Mäkinen ist damit die Rallye beendet. Mitsubishi wird später einen Materialfehler an den Radnaben feststellen.

Für Mäkinen setzt sich damit eine einzigartige Pechsträhne fort: Nach seinem Sieg bei der Rallye Monte Carlo zu Saisonbeginn ist der Finne sechsmal ohne nennesnwerten Erfolg. „Wenn man Weltmeister werden will, muss einfach alles stimmen", kommentiert Mäkinen bedrückt. Und bei ihm passt in der Saison 2000 nur wenig: Sein Mitsubishi ist technisch ausgereizt. Um das Tempo der Konkurrenz mitzugehen, muss der Finne ein größeres Risiko eingehen. Und Mäkinen, monatelang gesundheitlich angeschlagen, ist gerade erst wieder richtig fit.

Die „Akropolis" ist die härteste Rallye im Kalender. Neue Regelungen des Weltverbandes FIA machen den Kampf um Bestzeiten zu einer Tortur für die Piloten. Denn erstmals müssen alle Fahrer wie bei den anderen Rallyes feuerfeste, dreilagige Overalls tragen. Bei Außentemperaturen von über 30 Grad steigen die Temperaturen im Cockpit auf siedende 60 Grad an – die Grenze des menschlich Erträglichen ist erreicht. Und überschritten, wie bei Richard Burns' Beifahrer Robert Reid, der kurzzeitig im Cockpit ohnmächtig wird.

Nach einer Etappe sehen auch die Verantwortlichen der FIA ein, dass es gefährlich ist, die Piloten in der glühenden Hitze dick verpackt auf die Reise zu schicken.

Iron-Man – Armin Schwarz (rechts nach der Freigabe von T-Shirts als Bekleidung) kommt nur dank seines eisernen Willens ins Ziel

Die Hieroglyphen der Peugeot-Fahrer

„VE SIS 5 VN AHD OPPN“. Was wie die sinnlose Ansammlung von Buchstaben und Zahlen erscheint, ist eine Passage aus dem Gebetbuch von Peugeot-Werkspilot Marcus Grönholm. Übersetzt heißt das: „Leichte Linkskurve, innen bleiben, 50 Meter, dann schnelle Linkskurve, 70 Meter, dann eine langgezogene Rechtskurve.“ Nur mit Hilfe des Gebetbuchs, einer genauen Beschreibung des Streckenverlaufs mit allen Tücken und Gefahrenstellen wie Brücken, Belagwechseln und Kuppen, können Marcus Grönholm und Beifahrer Timo Rautiainen während der Rallye um Siege kämpfen. Das Gebetbuch wird während des Trainings erstellt. „Wir dürfen vor der Rallye jede Prüfung nur zwei- bis dreimal mit einem Serienauto langsam abfahren“, erklärt Marcus Grönholm. Er diktiert seinem Beifahrer Timo Rautiainen die Kürzel für den Aufschrieb, Timo notiert dies in einem 100 Seiten starken Buch mit Ringlochung. Während der Rallye liest er die Befehle vor. „Wir beschreiben die Kurven nicht mit Zahlen, sondern teilen sie in langsame oder schnelle Kurven ein“, erläutert Rautiainen. So reicht die Palette von dem finnischen „Oikea Tosi Hidas“ (Spitzkehre rechts) bis zu „Oikea Täysi“ (Vollgas). Dazwischen gibt es elf Abstufungen. „Früher waren es weniger, doch wir haben unser Aufschriebsystem im Laufe der Jahre immer weiter verfeinert.“

Hinzu kommen Zeichen für Brücken, Schotter und Kurven, deren Radius sich öffnet oder schließt. Das Aufschriebsystem von Marcus Grönholm ist typisch finnisch. Auch Weltmeister Tommi Mäkinen fährt nach einem ähnlichen Gebetbuch. Um die Befehle auf die finnische Sprache abzustimmen, gibt es einige Besonderheiten. „Wenn die Entfernung zur nächsten Kurve 50 Meter beträgt, schreiben wir eine 5 auf. Das finnische Wort für 50 ist einfach viel zu lang“, lacht Rautiainen.

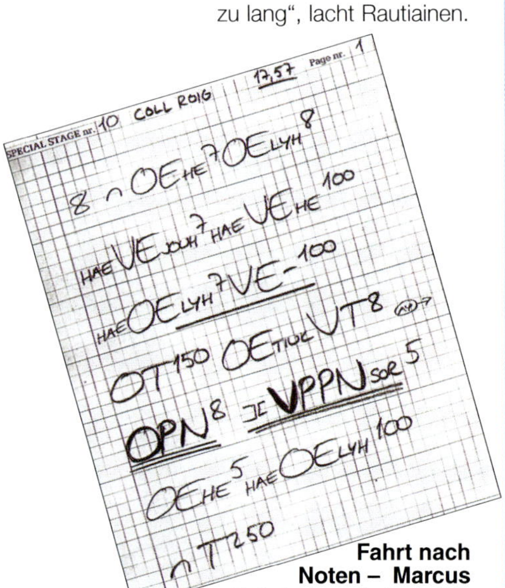

Fahrt nach Noten – Marcus Grönholms Aufschrieb

Rechts: Taxi bitte! Didier Auriol parkt mit einer gebrochenen Aufhängung Unten: Knochenjob – Hitze und Staub machen den Teams schwer zu schaffen

Oben: Nicht zufrieden – Manfred Stohl wird „nur“ Dritter in der Gruppe N

Eine Sonderregelung erlaubt den Piloten, wie früher in T-Shirts und leichten Overalls zu fahren. Einige Piloten erreicht die Nachricht umsonst: „Wir müssen in den dreilagigen Fahreranzügen weitermachen“, kommentiert Peugeot-Copilot Daniel Grataloup. „Wir haben keine dünnen Anzüge dabei.“

Ein Fahrer leidet ganz besonders unter der Hitze: Armin Schwarz. Der Skoda-Werkspilot ist durch eine Halsentzündung geschwächt, er hat Fieber. „Ich mache weiter, bis ich sterbe“, unkt der Deutsche, der sich mit größter Kraftanstrengung durch die Rallye quält. Doch sein engagierter Einsatz lohnt sich: Schwarz wird am Ende sogar noch Fünfter.

An der Spitze ist die Rallye ein klarer Fall für das Ford-Team: Der Schotte Colin McRae übernimmt die Führung vor seinem Teamkollegen Carlos Sainz. „Wir sind nicht so wahnsinnig schnell, wir sind einfach vorn, weil die anderen Teams viel mehr Probleme haben als wir“, erklärt McRae. Zum Beispiel kämpft Peugeot-Pilot François Delecour mit Aufhängungsdefekten. Sein Teamkollege Marcus Grönholm fährt seit einem Überschlag auf der dritten Wertungsprüfung hinterher. „Wir kamen in einer Spitzkehre zu weit nach innen, haben dort eine Begrenzung getroffen, die wir im Training nicht gesehen haben.“ Pech für Grönholm: Diese Stelle ist in der Rallye-WM altbekannt – er ist nicht der erste Fahrer, der dort sein Auto zerstört hat. Doch die Konkurrenten haben diese Passage im Schrieb notiert.

Hyundai und Seat müssen sogar Totalausfälle beklagen: Bei beiden Hersteller halten die Fahrzeuge die extrem materialmordenden Bedingungen nicht aus. Die Hyundai-Männer Kenneth Eriksson und

Links und unten: Böse Falle – an einem auf der Innenseite einer Kurve versteckten Stein zerschellt die Aufhängung von Marcus Grönholms Peugeot

Links: Junger Heizer – der Norweger Petter Solberg erringt für Ford eine Bestzeit

Akropolis

Alister McRae parken mit Getriebe- und Aufhängungsschaden. Bei Seat rollt Didier Auriol ebenfalls mit einem Aufhängungsdefekt aus, Teamkollege Gardemeister schließlich wird ein kaputter Lenkhebel zum Verhängnis.

Bei Ford läuft hingegen alles problemlos. Zu Beginn der dritten und letzten Etappe haben Colin McRae und Teamkollege Carlos Sainz bereits acht Minuten zwischen sich und ihren Verfolger Juha Kankkunen gebracht. Doch Sainz liegt nur 39 Sekunden hinter McRae. Um den Ford-Doppelsieg nicht durch einen teaminternen Zweikampf zu gefährden, gibt Teamchef Malcolm Wilson eine klare Stallregie aus: McRae soll vor Sainz ins Ziel kommen. Doch der Boss hat die Rechnung ohne Starfahrer Sainz gemacht. Der nämlich gibt weiterhin kräftig Gas. Colin McRae, der sich in der Sicherheit wiegt, dass von seinem Teamkollegen keine Gefahr droht, muss erstaunt feststellen, dass Sainz entgegen aller Befehle von oben plötzlich die Führung erobert hat.

Zwei Prüfungen vom Ziel entfernt sinkt die Stimmung im Ford-Werksteam unter den Nullpunkt. Was tun? Carlos Sainz den Sieg überlassen? Den Spanier zurückpfeifen? Vor der letzten Prüfung ist das fast unmöglich. Denn inzwischen hat „El Matador" schon mehr als eineinhalb Minuten Vorsprung vor McRae. Ein unauffälliger Positionswechsel ist somit nicht mehr möglich. Nach vielen Diskussionen gibt Sainz endlich nach: Wenige hundert Meter vom Ziel entfernt parkt der Spanier, wartet zwei Minuten und lässt Rivale McRae demonstrativ den Vortritt.

Im Team wird der große Erfolg gefeiert: Es ist der erste Ford-Doppelsieg in Griechenland seit 1997. Damals siegte Sainz vor seinem damaligen Teamkollegen Juha Kankkunen. Doch dieses Mal ist Sainz überhaupt nicht zum Lachen zumute. Im Gegenteil. Der Spanier fühlt sich ungerecht behandelt. Und auch McRae ist sauer über den Angriff seines Teamkollegen. Die Akropolis-Rallye legt so das Fundament für eine lange und erbitterte Feindschaft zwischen Colin McRae und Carlos Sainz. Monatelang werden sich die Teamkollegen ignorieren, sich weder eines Blickes würdigen noch ein Wort miteinander wechseln.

Die Konkurrenz hat für die umstrittene Entscheidung mehr Ironie als Verständnis übrig. „Solche Probleme hätten wir auch gerne", lacht Peugeot-Sportchef Corrado Provera. Denn der beste Peugeot-Pilot, François Delecour, nur auf dem neunten Platz zu finden. ■

Neuseeland

French Connection

Rechts: Sieg Nummer zwei – Marcus Grönholm und Copilot Timo Rautiainen im Ziel in Auckland

Oben: Wo geht's lang? Timo Rautiainen studiert das Roadbook. Rechts: Schnell, aber unglücklich – François Delecour kommt mit dem zweiten Peugeot nicht ins Ziel

Links: Das darf nicht wahr sein! Fassungslos steht Juha Kankkunen vor seinem defekten Subaru

Links: Starker Verfolger – Ford-Pilot Carlos Sainz belegt Rang drei. Unten: Der freche Franzose – der Peugeot 206 stiehlt der Konkurrenz erneut die Show

Neuseeland

„Wir haben unsere zwei Joker aufgebraucht", erklärt Peugeot-Teamchef Jean-Pierre Nicolas vor dem Start in Neuseeland. „Durch unsere Probleme in Monte Carlo und Spanien haben wir 20 mögliche Punkte verloren. Wir dürfen uns keine Patzer mehr leisten." Klare Ansage an die beiden Peugeot-Werkspiloten Marcus Grönholm und François Delecour. Die beiden Fahrer haben ihren Auftrag verstanden. „Hier gilt es, vom ersten Meter an Vollgas zu fahren", meint Marcus Grönholm. „Die Strecken sind dazu perfekt." Die Schotterwege auf der Nordinsel Neuseelands sind ultraschnell. Und sie bieten keine tückisch versteckten Steine oder Schlaglöcher. Eine echte *Drivers Rallye*.

Doch zu Beginn der Rallye trumpft nicht Tabellenführer Marcus Grönholm auf. Dieses Mal sorgt sein Teamkollege François Delecour für eine Überraschung. Er übernimmt die Führung und liegt am Ende der ersten Etappe in Führung. „Ich bin große Risiken eingegangen, um die Rallye anzuführen", erklärt der Franzose, als er abends im Schatten des 328 Meter hohen Sky Towers, dem Wahrzeichen Aucklands, in den Parc fermé rollt. „Mir half die Startreihenfolge, die Autos vor mir haben die Strecke gereinigt."

Oben: Viel Weg, kein Ziel – Tommi Mäkinen gibt nach einem Crash kurz vor dem Ziel auf. Rechts: Hoch geflogen, tief gefallen – beide Seat (hier Didier Auriol) fallen nach Unfällen aus

Neuseeland ist nicht zum ersten Mal die Rallye der großen Überraschungen. Im Vorjahr war es der junge Finne Toni Gardemeister, der bei seinem ersten Einsatz im Seat Cordoba WRC gleich mit Rang drei aufs Podium fuhr. Deshalb ist der Druck auf ihn in Neuseeland enorm groß. Und der blonde Finne hat dieses Mal weniger Glück: Gleich auf der ersten Wertungsprüfung fängt er sich einen Reifenschaden ein. Gardemeister will trotz Plattfuß weiterfahren. Nachdem er sich zweimal dreht, beschließt er, den Reifen zu wechseln. Hektisch will er die verlorene Zeit aufholen und kommt von der Strecke ab. Sein Seat überschlägt sich. Gardemeister und Beifahrer Paavo Lukander bleiben unverletzt, doch das Auto ist völlig zerstört. „Wir können nicht einmal das Lenkrad weiter verwenden", erklärt Seat-Teamchef Jaime Puig.

Auch die anderen Teams erleben Enttäuschungen. François Delecour ist wieder einmal das Pech treu. Während sein Teamkollege Marcus Grönholm immer ohne Probleme durchkommt, konzentrieren sich alle Schwierigkeiten und technischen Pannen scheinbar auf den Franzosen. Auf der zweiten Etappe rutscht Delecour wegen eines Differenzialproblems von der Strecke. „Wir steckten fest, fanden aber nach einigem Überlegen einen Weg durch eine Wiese wieder auf die Straße zurück." Delecour und Beifahrer Daniel Grataloup können zwar weiterfahren, aber zehn Minuten sind zum Teufel. Auf der nächsten Prüfung rollt sein Peugeot endgültig mit einem Hydraulikdefekt im Getriebe aus.

Teamkollege Marcus Grönholm erbt die Führung. Doch von hinten rücken Ford-Mann Colin McRae und Subaru-Pilot Richard Burns immer näher. Und Marcus Grönholm hat einen weiteren starken Gegner: Der junge Norweger Petter Solberg, der mit einem dritten Werks-Ford unterwegs ist, liegt auf dem zweiten Rang. Um Werksfahrer Colin McRae einen Vorteil zu verschaffen, greift Ford zu einer ungewöhnlichen Taktik. Denn eigentlich muss Solberg vor Grönholm auf die Prüfungen gehen. Ein klarer Nachteil für den Ford-Mann. Deshalb soll er – so die Überlegung der Teamleitung – eine Strafzeit in Kauf nehmen und Grönholm den Vortritt lassen. Bei jeder Prüfung würde Grönholm als erster Starter einige Sekunden verlieren. Offiziell, so gibt Ford an, hat eine Reparatur bei Solberg mehr Zeit gebraucht. Doch die Taktiker bei Ford machen die Rechnung ohne die neuseeländischen Organisatoren: Solberg bekommt seine Strafzeit, muss aber die nächste Wertungsprüfung trotzdem vor Marcus Grönholm starten. Damit trickst sich Ford selbst aus.

Marcus Grönholm stören die taktischen Spielchen nicht. Er behauptet seine Führung und liegt auch am Ende der zweiten Etappe noch immer rund 20 Sekunden vorn. Der härteste Verfolger von Marcus Grönholm ist plötzlich der Brite Richard Burns. Auf der ersten Etappe nur Achter, hat er sich mit vier Bestzeiten in Folge auf den zweiten Rang vorgearbeitet. Doch „Richard Löwenherz" kann Grönholm nicht mehr gefährlich werden.

Oben: Selbst ist der Mann – die Hyundai-Besatzung McRae/Senior versucht, ihr Auto nach einem Differenzial-Schaden zu retten

Oben: Stark – Petter Solberg wird Vierter. Links: Gefrustet – Seat-Mann Auriol

Denn auf der letzten Etappe überschlagen sich die Ereignisse. Vier Prüfungen vom Ziel entfernt rollen die beiden Subaru von Richard Burns und Juha Kankkunen mit einem identischen Motordefekt aus. Während die enttäuschte Subaru-Mannschaft ihre Zelte abbricht, wird auch bei Mitsubishi nebenan eingepackt.
Die Mitsubishi-Mannschaft ist sehr optimistisch nach Neuseeland gereist. Weil sich bei Testfahrten ein neues Differenzial als sehr gut erwiesen hat, wird kurzfristig beschlossen, einige neue Komponenten nicht erst in Finnland, sondern bereits in Neuseeland einzusetzen. So will man die letzte Chance von Tommi Mäkinen retten, noch um den WM-Titel mitzukämpfen. Das Risiko zahlt sich nicht aus. Sowohl Mitsubishi-Junior Freddy Loix als auch Weltmeister Tommi Mäkinen kommen mit dem Fahrverhalten des Lancer nicht zurecht. „Die Differenziale machen zwischendurch plötzlich zu. Mein Auto übersteuert dann unvermittelt. Das Fahrverhalten ist gefährlich“, berichtet Loix genervt. Am Ende der zweiten Etappe zieht Mitsubishi Loix' Auto zurück. An Mäkinens Fahrzeug wird das Set-up verändert. Doch auch das zahlt sich nicht aus: Auf der letzten Etappe crasht der Weltmeister. Zwar rettet er sein Auto noch an den Service, dort aber gibt er auf.

Auch Seat hat nach Unfällen von Gardemeister und Didier Auriol einen Totalausfall zu beklagen. Für das neue Hyundai-Werksteam liegen Jubel und Enttäuschung eng beisammen. Auf der letzten Etappe fährt Alister McRae eine Bestzeit, die allererste für den neuen Hyundai Accent. Während die Mannschaft noch den historischen Moment feiert und auf die Rückkehr des schnellen Schotten zum Service wartet, blockiert an McRaes Hyundai das vordere Differenzial. Der Schotte versucht, den Service zu erreichen. Doch der Motor macht die außergewöhnliche Belastung nicht mit. „Ein Wechselbad der Gefühle“, sagt McRae später. „Trotzdem war es eine gute Rallye.“ Sein Teamkollege Kenneth Eriksson holt mit Rang fünf nicht nur zwei Punkte für Hyundai, gleichzeitig bleibt er der einzige Fahrer, der bei all seinen Neuseeland-Einsätzen ins Ziel gekommen ist.
Überglücklich erreicht Marcus Grönholm das Ziel in Auckland. „Als mich auf der mit 31 Kilometern längsten Prüfung des Tages meine Verfolger nicht einholen konnten, war ich mir sicher, dass ich siegen würde“, berichtet er. Eine Sache aber verschweigt der Finne: Eine Prüfung später, nur fünf Prüfungen vor dem Ziel, hätte er die Rallye beinahe verloren. Sein Peugeot steigt in einer schnellen Passage auf und überschlägt sich beinahe. „Wir hatten viel Glück“, grinst Grönholm, als er auf seine Flug-Einlage angesprochen wird. *„It was a very, very big moment.“* ■

Manfred Stohl: Erfahrener Junior

Drei Tage lang kämpft Manfred Stohl in Neuseeland um den Gruppe N-Sieg. Dann hat er es geschafft: Saisonsieg Nummer zwei. Mit großen Schritten kommt der 28-jährige Österreicher seinem großen Traum näher, dem Titelgewinn in der Gruppe N-WM. In der Saison 2000 hat Manfred Stohl seinen 18 Jahre älteren Gegner, den viermaligen Gruppe N-Weltmeister Gustavo Trelles, meist fest im Griff.
Dass Manfred Stohl Rallyes fährt, ist kein Zufall. Vater Rudi Stohl war lange Zeit erfolgreicher Rallyefahrer. Das Autofahren lernte „Stohlito“ aber von einem Freund. Der heutige Formel 1-Pilot Alexander Wurz brachte ihm bei, wie man Kupplung und Gaspedal betätigt. „Wurz und ich sind damals zusammen Mountainbike gefahren“, erklärt Stohl, der in seiner Jugend wie der heutige Formel 1-Pilot seine Karriere auf zwei Rädern startete.
Bereits mit 20 Jahren feierte Stohl sein WM-Debüt. Bei der Finnland-Rallye 2000 absolviert der Wiener bereits seinen 50. WM-Lauf. Damit zählt er bereits zu den erfahrenen WM-Piloten. Dass dies aber kein Vorteil ist, musste er häufig schmerzlich erkennen: „Die Teamchefs hören den Namen Stohl und denken, ich sei uralt.“
Seit Jahren hockt der zehn Jahre ältere Peter Müller auf dem Beifahrersitz. Der Österreicher, der mit Vater Rudi Stohl 1995 den zweiten Rang bei der Rallye Akropolis belegte, wurde von Mutter Elfi auf den Beifahrersitz gehievt, als Sohn Manfred einen neuen Copiloten suchte. Doch Stohl und Müller kennen sich schon viel länger. „Als ich vor vielen Jahren Service bei der Rallye Akropolis machte, musste ich den damals zwölfjährigen Manfred mitnehmen. Er hat mir Löcher in den Bauch gefragt. Wie halt Kinder so sind...“ erinnert sich Müller.
Längst muss Manfred Stohl nichts mehr fragen: Er kennt sich im Rallyesport perfekt aus. Neben seinen WM-Einsätzen baut er in der heimischen Werkstatt Rallyeautos für andere Fahrer auf. „Irgendwann“, plant er, „möchte ich Teamchef werden.“

50 WM-Rallyes Erfahrung – der Österreicher Manfred Stohl kämpft auch 2000 um den Gruppe N-Titel

Oben und großes Foto: Helm auf zur Attacke – Marcus Grönholm feiert Sieg Nummer drei

Oben und rechts: Eingeflogen – der Österreicher Raphael Sperrer bestreitet seine erste Schotter-Rallye seit längerer Zeit und belegt Rang zwölf

Der fliegende Finne

Finnland

Links: Aus der Versenkung aufgetaucht – Harri Rovanperä überrascht in einem Toyota. Unten: Alles Pech der Welt – Sainz auf seiner Tour der Leiden

Links: Alles verstanden? Die finnischen Hinweisschilder sind liebevoll gestaltet und überall im Wald zu finden

Die Finnland-Rallye ist für Peugeot-Pilot Marcus Grönholm etwas ganz Besonderes. Auf den schnellen Waldwegen rund um die mittelfinnische Stadt Jyväskylä gab er 1989 sein WM-Debüt. Mit einem Lancia HF Integrale erkämpfte er sich damals den 23. Platz. Acht Jahre später führte er mit dem neuen Toyota Corolla sogar das gesamte Feld an – fiel dann aber mit einem technischen Defekt aus.

In seiner finnischen Heimat hat der schlanke Mann aus der Nähe von Helsinki die meisten Fans. Und in Finnland wurde 1998 auch Peugeot-Teamchef Jean-Pierre Nicolas auf ihn aufmerksam und holte Grönholm als Schotter-Spezialisten ins französische Werksteam. Bei der Finnland-Rallye 2000 bezahlt Marcus Grönholm seine offenen Rechnungen: Er bietet seinen Landsleuten eine starke Show und schenkt Arbeitgeber Peugeot den dritten Saisonsieg.

Doch schon vor dem Start gilt Marcus Grönholm als einer der Favoriten – neben seinen erfahreneren Landsleuten Juha Kankkunen und Tommi Mäkinen. Denn nur zwei Nicht-Skandinavier konnten in der 50-jährigen Geschichte der Rallye im Land der Sprungkuppen siegen. Das waren Carlos Sainz und Didier Auriol.

Doch der Franzose zählt bei der Millenniums-Auflage der Rallye nicht zu den Siegkandidaten. Zwar kommt sein Arbeitgeber Seat mit einem brandneuen Auto mit einer verbesserten Gewichtsverteilung und optimiertem Motor nach Finnland. Doch Seat hinkt auch mit dem neuen Cordoba Evo III hinterher. Und Auriol klagt über Handlings- und Differenzialprobleme. „Das Auto ist unfahrbar“, schimpft er.

Carlos Sainz ist da schon eher siegverdächtig – allerdings nur bis zur zweiten Wertungsprüfung. Dann nämlich streikt das Steuergerät. Bis der Spanier seinem Ford Focus eine neue Einheit implantiert hat, vergehen fünf Minuten. *„Game over“*, brüllt „El Matador“ in den Funk. Das hilft ihm aber höchstens, um die Wut abzureagieren. Denn im Gesamtklassement ist er inzwischen auf Rang 106 zurückgefallen. An den folgenden zwei Tagen wird Sainz zur tragischen Figur. Das Ford-Team beschließt, seinen Starfahrer auf

Märtin und Solberg: Die jungen Wilden

Junge und schnelle Talente sind in der Rallye-WM immer gesucht. Bereits 1999 schafft der junge Norweger Petter Solberg als Nachwuchs-Fahrer den Einstieg ins Ford-Werksteam. Teamchef Malcolm Wilson gibt dem Tanzlehrer einen Fünfjahres-Vertrag und lässt ihn mit einem dritten Ford Focus starten. Solberg, der erst 1996 seine erste Rallye fuhr, bringt viel technisches Verständnis mit. Gemeinsam mit Bruder Henning bereitete er als Jugendlicher die Autos seiner Eltern für Rallycross-Einsätze vor. 1998 fährt er seine erste WM-Rallye, wird norwegischer Meister. Als er 1999 sechs WM-Rallyes für Ford bestreitet und sogar den verletzten Thomas Radström im Werksteam ersetzt, hat er sich endgültig etabliert. Solberg ist sehr schnell, leistet sich auch einige Highspeed-Crashs. So verschrottet er zum Beispiel seinen Ford Focus bei der Finnland-Rallye. Doch hinter den Kulissen laufen dort die Verhandlungen auf Hochtouren. Das Subaru-Werksteam interessiert sich für Solberg. Gemeinsam findet man eine Lücke in Solbergs Ford-Vertrag. Der Norweger unterschreibt für 2001 bei Subaru. Der Ärger bei Ford ist groß, die Finnland-Rallye ist der letzte Einsatz für Wilsons Team.

Subaru leistet sich einen Doppel-Coup. Zeitgleich verpflichtet das britische Werksteam den Esten Markko Märtin als dritten Fahrer für 2001 neben den Stammpiloten Burns und Solberg. Märtin, zum Zeitpunkt des Vertragsabschlusses 24 Jahre alt, stammt aus einer Rallye-Familie. Direkt nach der Schule versuchte er, eine Profi-Laufbahn einzuschlagen. In der Saison 2000 ist er mit einem Toyota Corolla in der Rallye-WM unterwegs. Für Märtin, der oft in die Top 10 fährt, ist es bereits die vierte WM-Saison. Angst vor seinem neuen Teamkollegen Petter Solberg hat er nicht. „Es wird sicherlich spannend", meint er selbstbewusst.

Strahlemann aus Norwegen – der starke Junior Petter Solberg unterschreibt für 2001 bei Subaru

Rechts: Zweimal McRae – der Ford-Mann wird mit Rang zwei bester Nicht-Skandinavier

den verbleibenden Rallye-Kilometern testen zu lassen. Aber auch das gelingt nicht. Am Morgen des zweiten Tages überschlägt sich Sainz und liefert einen stark verbeulten Ford Focus am Service ab. Und fällt weiter zurück. Als er auf der letzten Etappe wieder Zeit gutgemacht hat, bricht an Bord des Ford Focus ein Feuer aus. Sainz und Beifahrer Luis Moya schaffen es, die Flammen zu löschen. Völlig genervt beenden sie die Rallye – immerhin auf Rang 14.

Die Männer der Rallye sind – natürlich – Finnen. Denn die einheimischen Fahrer kennen die Strecken und die Tücken dieser extrem schnellen Rallye. Sie haben auf den rutschigen Schotter-Autobahnen – gefahren wird eine Durchschnittsgeschwindigkeit von über 125 km/h – mit den spektakulären Sprungkuppen das Autofahren gelernt, sie haben dort ihre ersten Rallyes bestritten. „Kein Wunder, dass wir hier im Vorteil sind", lacht der Finne Harri Rovanperä, der mit einem privaten Toyota in der Spitzengruppe mitfährt. „In anderen Ländern wird Fußball gespielt, in Finnland fahren junge Leute halt Rallye."

Vergeblich ist die Mühe von Subaru-Pilot Richard Burns, der als einziger Nicht-Skandinavier mit aller Gewalt versucht, das Tempo von Marcus Grönholm mitzugehen. Einen Tag lang hält sich der Brite auf dem zweiten Rang, er fährt am Limit. Und teilweise darüber, wie er am Morgen der zweiten Etappe demonstriert. Denn nach dem Ziel der ersten Prüfung des Tages kommt er von der Strecke ab und fliegt mit mehreren Überschlägen in den Wald. Burns, der dem völlig zerstörten Wrack unverletzt entsteigt, erklärt: „Es war eine Vollgas-Rechtskurve, die am Ende zumacht. Und wie wir jetzt wissen, macht sie wirklich zu."

Damit erbt Harri Rovanperä den zweiten Rang. Niemand von den großen Werks-

Unten: Sprungstark – Alister McRae holt mit seinem Hyundai Accent noch einen Punkt in der Marken-WM

teams hatte vor der Rallye mit dem Finnen gerechnet. Denn im Vorjahr war Rovanperä bei Arbeitgeber Seat nur mäßig erfolgreich gewesen. Das einzige Highlight war ein dritter Rang bei der Rallye Großbritannien gewesen. Seit Saisonbeginn ist der 34-Jährige ohne Cockpit. Mit dem privaten Toyota vorn mitzuspielen, macht Rovanperä sichtlich Spaß. „Es ist schön, wieder hier zu sein", strahlt er.
Einige Fahrer sind weniger glücklich. So müssen ungefähr zur gleichen Zeit, als Richard Burns seinen Subaru kalt-verformt, zwei weitere Piloten ihre Teams anfunken und um ein Taxi bitten. Mitsubishi-Pilot Freddy Loix hat auf der Auftaktprüfung des zweiten Tages einen Ausrutscher. Der Belgier kann zwar weiterfahren, rollt dann aber aus, weil der Kühler beschädigt wurde. Toni Gardemeister sieht die erste Prüfung nicht einmal: Sein Seat Cordoba streikt auf dem Weg zum ersten Service mit einem Elektronikdefekt.
Weltmeister Tommi Mäkinen fällt zwar nicht aus. Doch der 36-Jährige wird nur Vierter – für den fünfmaligen Finnland-Sieger und Vierfach-Weltmeister ein denkbar schlechtes Resultat. Und das, obwohl Mitsubishi seinem Spitzenfahrer für die Finnland-Rallye ein neues Auto spendiert hat – mit einer veränderten Frontpartie, verbesserter Gewichtsverteilung und optimierter Elektronik.
„Doch das Fahrwerk unseres neuen Autos ist noch nicht so, wie wir es uns vorgestellt haben. Obwohl wir einige gute Zeiten gefahren sind, müssen wir noch kräftig arbeiten", kommentiert der amtiernde Weltmeister traurig. Doch nicht nur die Technik ist für das mäßige Abschneiden verantwortlich. Auch Mäkinen leistet sich einige Fehler, mäht einen Briefkasten nieder. Und nach einer der vielen Sprungkuppen landet der Mitsubishi so hart, dass Beifahrer Risto Mannisenmäki eine Rückenverletzung erleidet und die Rallye nur unter großen Schmerzen fortsetzen kann.
Reibungslos verläuft die Rallye hingegen für Ford-Mann Colin McRae. Er liegt lange Zeit auf Rang drei hinter dem Toyota-Privatier Harri Rovanperä. Als der Finne kurz vor Schluss wegen eines Stempelfehlers zehn Strafsekunden kassiert, geht McRae vorbei. Im Ziel liegt er hauchdünne 3,4 Sekunden vor Harri Rovanperä. Das hinterlässt einen bitteren Nachgeschmack bei Rovanperä. Ohne Strafzeit wäre er Zweiter geworden.
Doch weder Rovanperä noch Colin McRae können dem Sieger Marcus Grönholm ernsthaft gefährden. Unbeirrt fährt der Finne zu seinem ersten Heimsieg. Für Peugeot bietet nicht nur dieser Erfolg einen Grund zum Feiern. Denn auch Grönholms Schwager Sebastian Lindholm wird bei seinem Gasteinsatz im Werksteam Fünfter und sammelt Punkte für die Markenwertung.
Und für Stammfahrer François Delecour, der in Finnland im Rallyeeinsatz ein neues elektronisches Getriebe testet, ist endlich die Pechsträhne beendet. Der Franzose leidet zwar darunter, dass er nur wenig Erfahrung auf den finnischen Strecken besitzt. Am Ende wird er aber – trotz eines Überschlags kurz vor dem Ziel – Sechster. „Dieser WM-Punkt war aus psychologischen Gründen unglaublich wichtig", kommentiert Delecour.
Auch Grönholm kann im Ziel endlich aufatmen. Und das nicht nur, weil er zum ersten Mal in seiner noch jungen Karriere die WM-Wertung anführt: „Ich habe bis zuletzt nicht gewagt, an einen Sieg zu glauben. Ich bin hier schon so oft in Führung liegend ausgefallen, dass ich beschlossen habe, mich erst auf der Rampe zu freuen." ■

Links: Crash – Burns baut Schrott. Unten: Tips vom Profi – Richard Burns und Fotograf Reinhard Klein fachsimpeln über Sprung-Kuppen. Großes Foto: In Action – Markko Märtin im Toyota

Zypern

Das Insel-Duell

Links und großes Foto: Spanischer Eroberer – Carlos Sainz feiert nach langer Durststrecke endlich wieder einen Sieg

Oben und links: Gegner im eigenen Team – bis zuletzt ist nicht sicher, ob es eine Teamorder zugunsten von Colin McRae geben wird. Dann aber muss sich der Schotte mit Rang zwei begnügen

Oben: Unbekanntes Land – Zypern ist für Touristen und erst recht für den Rallye-Tross noch weitgehend neu. Rechts: Kleine Ursache, viel Wirkung – ein am Gaspedal verklemmter Stein sorgt für einen Überschlag von Freddy Loix

Zypern

Als der Weltverband FIA im Mai beschließt, Zypern als Ersatzlauf für die abgesagte China-Rallye in den Kalender aufzunehmen, regt sich Protest bei den Teams. „Wie sollen die Veranstalter es schaffen, in nur vier Monaten einen WM-Lauf zu organisieren?“ fragt nicht nur Carlos Sainz' spanischer Beifahrer Luis Moya.

Auch bei den Herstellern ist kaum jemand glücklich, denn die kleine Insel im östlichen Mittelmeer ist unter Marketinggesichtspunkten höchst uninteressant. „Zumindest verkaufen wir auf Zypern mehr Autos als in China“, meint Peugeot-Sportchef Corrado Provera. „Denn in China verkaufen wir kein einziges...“

Als der Rallye-Tross auf Zypern eintrifft, ändert sich die Stimmung schlagartig. Denn die Rallye ist gut organisiert, die Veranstalter sind engagiert, und die Insel bietet ganz neue Herausforderungen. Die Strecken sind extrem hart und kurvig. „Diese Rallye hat sogar mehr Kurven als die Korsika-Rallye“, kommentiert Peugeot-Pilot Delecour. Für die Copiloten bedeutet die neue Rallye äußerste Konzentration und einige Überstunden: Da nämlich kaum ein Fahrer jemals auf Zypern gestartet ist, müssen alle Werkspiloten ihren Aufschrieb neu erstellen. Jeder Meter der rund 400 Kilometer Wertungsprüfungen muss im Training genau protokolliert werden. „Wir haben viele Stunden am Tag konzentriert im Auto gesessen“, erklärt Luis Moya. Weil das Frachtschiff, das für alle Teams die Ausrüstung transportiert, durch einen Streik verspätet auf Zypern eintrifft, wird zudem das Training um einen halben Tag verkürzt.

Nur ein Fahrer hat Erfahrung auf Zypern: Skoda-Pilot Armin Schwarz siegte 1996, als die Rallye zur Europameisterschaft zählte. Ironie des Schicksals: Der Deutsche, der als einziger Fahrer zumindest einige Streckenkenntnis hat, kommt gleich auf der zweiten Wertungsprüfung von der Strecke ab und überschlägt sich. Wenig

Oben: Ein Punkt für Estland – Toyota-Privatier Markko Märtin erringt Platz sechs

Links: Ärmel hoch – François Delecour wird auf Zypern früh zum Einzelkämpfer.
Unten: Durstig – die Hitze macht den Fahrern stark zu schaffen

Links: Sprit-Spar-Modell – beinahe rollt Delecours Peugeot ohne Benzin aus.
Unten: Staubiger Job – Fotografen im Einsatz

später parkt auch sein Teamkollege Luis Climent, er hat die Ölwanne seines Skoda Octavia nachhaltig beschädigt. Totalausfall für das Skoda-Werksteam. Eine bittere Pille für die tschechische Mannschaft. Denn auf Zypern ist erstmals die Evolutionsversion des Rallye-Skoda mit einem verbesserten Turbolader im Einsatz. Und nach vielversprechenden Tests hat die Mannschaft viel von dem Debüt des neuen Autos erwartet.
Wie bereits Monate zuvor in Griechenland erweist sich der Ford Focus als das beste und zuverlässigste Auto für die harten Schotterpisten. Doch dieses Mal führt nicht Colin McRae das Feld an, sondern sein spanischer Teamkollege Carlos Sainz. Gleich auf der ersten Wertungsprüfung fährt er Bestzeit. Wenig später hat er die Rallye so fest im Griff, dass er das Tempo kontrollieren kann.
Wenig Glück hat das Peugeot-Team. Tabellenführer Marcus Grönholm parkt schon auf der ersten Etappe, nachdem ein Keilriemen gerissen ist. „Wir konnten nichts machen“, erklärt er traurig. „Unser Auto sprang nicht mehr an.“ Bis dahin hat der Finne nur den fünften Rang belegt: „Ich war anfangs etwas zu vorsichtig.“ Dafür attackiert Teamkollege François Delecour. Er liegt zwischenzeitlich sogar auf dem zweiten Rang hinter Carlos Sainz. Wenige Stunden nach dem Ausfall von Marcus Grönholm ist aber auch Delecours Weiterfahrt gefährdet. „Wir haben kein Benzin mehr“, funkt der 38-Jährige hektisch. Noch ist der Franzose weit vom Service entfernt, Hilfe darf er unterwegs nicht annehmen. Die Verbindungsetappen

sind länger als bei den anderen Rallyes, zudem ist der Energieverbrauch durch die intensive Kühlung größer, wird am Service analysiert. Delecour schaltet zwischen den beiden Benzinpumpen hin und her und rollt bis kurz vor den Service. Eine Anhöhe bis zur Zeitkontrolle muss Beifahrer Daniel Grataloup das Auto hinaufschieben. Mit dem letzten Tropfen Benzin rollt der Peugeot in den Service. Am Ende feiert Delecour mit Rang drei sein bisher bestes Saisonergebnis.

Noch ein Fahrer schafft den Durchbruch: Freddy Loix. Der Mitsubishi-Junior, bisher vom Pech verfolgt, verbucht auf Zypern die ersten zwei Bestzeiten, seitdem er Anfang 1999 zu Mitsubishi wechselte. „Das Auto fährt sich hier perfekt", strahlt der 29-Jährige. Am Ende wird Loix nur Achter. Denn das Gaspedal verklemmt sich einmal so unglücklich, dass der Belgier von der Strecke rutscht und sich überschlägt. Doch er kann weiterfahren.

Dramen gibt es auch bei Subaru. Starfahrer Richard Burns liegt lange Zeit auf Rang zwei. Dann, auf der zweiten Etappe, bricht ein Stoßdämpfer. „Mit Frustration lässt sich das Gefühl nicht annähernd beschreiben", schimpft der Brite, der bereits bei der ähnlich harten Rallye Akropolis Probleme mit den Dämpfern hatte. Als ihn kurz darauf eine defekte Antriebswelle hinter François Delecour zurückwirft, ist Burns nur noch sauer. Beifahrer Robert Reid reagiert wie ein verzogenes Kind – er giftet beim Interview mit dem Fernsehsender Eurosport so lange den Reporter an, bis der entnervt und ohne das gewünschte Statement geht.

Burns Pechsträhne geht weiter. Am dritten Tag läuft fast alles schief. „Zunächst mussten wir vor dem Start einer Prüfung schnell einen Reifen wechseln, weil wir einen eingefahrenen Nagel entdeckt hatten. Wir waren so spät, dass wir nicht mehr den Luftdruck prüfen konnten und dadurch auf der Prüfung Zeit verloren." Damit nicht genug: „Wir hatten ein Elektronikproblem. Immer wenn ich das Gaspedal durchdrückte, passierte fünf Sekunden lang nichts." Burns wütend: „Außerdem hat unsere Kühlweste versagt." Zumindest darf der 29-Jährige noch drei winzige WM-Pünktchen mitnehmen.

Zypern

Ganz anders läuft die Rallye für Carlos Sainz. Der Spanier schafft es, genau den richtigen Speed zu finden. „Man darf hier nicht zu stark attackieren, denn sonst drehen die Räder durch. Und man muss höllisch aufpassen, um nicht in die tiefen Spurrillen zu kommen", erklärt er. Obwohl er nach zwei Etappen noch immer die Rallye anführt, wagt es der Weltmeister von 1990 und 1992 nicht, an einen Sieg zu denken: „Überraschungen können im Rallyesport jederzeit passieren. Ich habe das gelernt, als ich 1998 den sicheren WM-Titel 300 Meter von dem Ziel in England verloren habe."

Fast zwei Jahre ist es zudem her, dass Sainz zuletzt einen WM-Sieg gefeiert hat. Als er bei der Rallye Akropolis wenige Wochen zuvor dem Erfolg so nahe war, musste er sich der Ford-Stallregie beugen. Dieses Mal wagt Teamchef Malcolm Wilson allerdings nicht, Carlos Sainz zurückzupfeifen. „Carlos ist zwei Tage lang sehr mutig gefahren, man bräuchte einen noch mutigeren Mann, um ihm diesen Sieg wegzunehmen", kommentiert der Brite.

Mit über einer halben Minute Vorsprung feiert Carlos Sainz seinen 23. WM-Sieg. Damit teilt sich der 38-Jährige mit dem Finnen Juha Kankkunen den Status des erfolgreichsten WM-Piloten. „Ich wusste, dass ich irgendwann wieder siegen würde", strahlt der Spanier. „Ich war oft so nahe am Erfolg. Endlich hat es wieder geklappt." Und plötzlich ist Sainz wieder im Titel-Rennen. Denn der Sieg hat ihn auf den vierten Tabellenrang katapultiert. ■

Oben: Keine Eile – durch einen Streik kommen die Trainingsautos zu spät an. Rechts: Gleich geht's los – Subaru vor dem WP-Start

Links: Kurzes Debüt – der erste Einsatz des neuen Evo-Skoda ist früh beendet. Unten: Ferien oder Arbeit? Das Rallye-Zentrum in Limassol liegt in einem Luxus-Hotel mit Pool, schöner Aussicht und guten Restaurants

Oben: Test-Fahrt – Tommi Mäkinen experimentiert mit dem neuen Fahrwerk seines Mitsubishi. Darüber: Auf Punkte-Jagd – Manfred Stohl muss einen Lenkungsdefekt auf einer Prüfung selbst reparieren und wird nur Vierter der Gruppe N. Aber er behauptet seine WM-Führung

Aus für das Seat-Werksteam

Nach fünf Jahren in der Rallye-Weltmeisterschaft kommt für das Seat-Werksteam das überraschende Aus. Die spanische Mannschaft, seit 1998 mit dem Seat Cordoba in der Weltmeisterschaft vertreten, hört zum Saisonende auf. Die WM-Szene verliert damit das vielleicht sympathischste und fröhlichste Team. Gastfreundlichkeit, spanischer Frohsinn und leckere Paella zeichnet die Crew um Teamchef Jaime Puig aus.

Seat, zwischen 1996 und 1998 Marken-Weltmeister in der Kitcar-Klasse mit dem frontangetriebenen Seat Ibiza, hat mit seinem World Rally Car nie den Durchbruch geschafft. In der Saison 2000 müssen sich die Seat-Piloten Didier Auriol und Toni Gardemeister in der Marken-Wertung sogar dem Skoda-Werksteam geschlagen geben. Und Skoda bestreitet lediglich ein begrenztes WM-Programm.

Auch das Engagement von Ex-Weltmeister Didier Auriol katapulitiert Seat in der Saison 2000 nicht nach vorn. Die zweite Evolutionsversion des Seat Cordoba bringt nicht den erhofften Erfolg. Immer wieder wird die Mannschaft von technischen Defekten, aber auch von Unfällen betroffen.

Offiziell allerdings wird das Seat-Programm nicht wegen Erfolglosigkeit gestoppt. „Wir wollen uns in der Zukunft auf andere Aufgaben konzentrieren", verkündet Sportchef Vicente Aguilera. Ab der Saison 2001 wird die Seat-Sportabteilung bei Barcelona sportliche Straßenautos für Endverbraucher entwickeln. Kleines Trostpflaster: Das Engagement in den nationalen Meisterschaften (z. B. in Deutschland) soll fortgesetzt werden.

Besonders hart trifft die Absage den Seat-Werkspiloten Didier Auriol. Der Franzose, der zu Saisonbeginn von Aussteiger Toyota zu Seat wechselte, erfährt erst wenige Tage vor der Zypern-Rallye, dass er in der nächsten Saison erneut kein Cockpit mehr hat. Ironie des Schicksals: Fast auf den Tag genau hat Auriol im Vorjahr von dem Rückzug seines damaligen Arbeitgebers Toyota erfahren.

Abschieds-Tour – die Saison 2000 ist für das Seat-Werksteam die letzte in der Rallye-Weltmeisterschaft

Links: Vor dem Unfall –
McRae im Cockpit.
Unten: Sorge um Colin –
Beifahrer Nicky Grist im
Gespräch mit dem Team

Hänge-Partie –
die Retter brauchen
lange, um Colin
McRae aus dem
Wrack zu befreien

Abgestürzt

Korsika

Höhen-Flüge – die Korsika-Rallye besticht durch spektakuläre Szenen (im Bild Colin McRae). Doch die Rallye birgt auch Gefahren. Neben der Strecke lauern tiefe Abgründe

Es gibt kleine Fehler mit einer großen Wirkung. Das muss der Schotte Colin McRae bei der Rallye Korsika schmerzhaft erfahren. Nur eine Sekunde lang ist der Ford-Werkspilot auf der zehnten von insgesamt 18 Wertungsprüfungen unkonzentriert. Er kommt in einer schnellen Linkskurve einige Zentimeter von der Ideallinie ab, fährt zu weit innen und touchiert eine Mauer. Was dann passiert, scheint zunächst die WM-Ambitionen des Schotten zu zerstören. Denn McRaes Ford Focus biegt rechtwinklig ab. Auf der schmalen Bergstraße gibt es jedoch keine Auslaufzonen. Der Ford stürzt mitsamt Besatzung einen steilen Abhang herunter, prallt gegen einen Baum und bleibt auf dem Dach liegen.

Während Beifahrer Nicky Grist unverletzt aus dem Wrack klettert, bleibt Colin McRae bewusstlos im Rallyeauto hängen. Ein Teil des Käfigs hat sich so verbogen, dass sich die Tür nicht öffnen lässt. Grist alarmiert Hilfe. Zwischendurch kommt McRae wieder zu Bewusstsein. „Ich kann mich an den Unfall nicht erinnen", berichtet er später. „Als ich wach wurde, habe ich starken Benzingeruch bemerkt." Mehr als zwanzig Minuten brauchen die Rettungskräfte, um McRae aus dem Wrack zu schneiden.

Der Weltmeister des Jahres 1995 hat viel Glück und trägt „nur" Lungenprellungen und einen gebrochenen Wangenknochen davon. Doch sein Einsatz bei der San Remo-Rallye scheint gefährdet. „Ich habe nach dem Unfall nur daran gedacht, bald wieder zu fahren", erklärt McRae, der das Unmögliche schafft und in San Remo wieder im Auto sitzt. Nachts schläft er unter einem mitgebrachten Sauerstoffzelt, den Wangenknochen stabilisiert eine Stahlplatte. Aber McRae fährt.

Der Unfall von Colin McRae ist nicht der einzige Zwischenfall, der auf Korsika für Diskussionen sorgt. Bereits auf der ersten Wertungsprüfung crasht der Belgier Freddy Loix: „Ein dummer Fehler. Ich habe mit zu kalten Reifen zu schnell attackiert." Auch Loix' Unfall ist einer von der harten Sorte. Der Mitsubishi landet im freien Fall 20 Meter tiefer in einem Flussbett. Doch Loix hat Glück, er bleibt ebenso wie Beifahrer Sven Smeets unverletzt.

Auf der letzten Etappe hat auch Weltmeister Tommi Mäkinen einen Horror-Crash. Er landet ebenfalls weit abseits der Strecke. „Das Heck ist beim Bremsen ausgebrochen, es war einfach nicht genügend Platz auf der Straße", kommentiert der Finne trocken. Ob die Korsika-Rallye gefährlicher sei, als die anderen WM-Rallyes, wird Mäkinen gefragt. „Nein, der ganze Rallyesport ist gefährlich", antwortet der amtierende Weltmeister. „Wenn man auf Korsika einen Fehler macht, hat es allerdings meist schlimme Folgen, weil man fast überall im Bergland fährt und es

Oben und rechts: Ein Gast lässt fliegen – Simon Jean-Joseph ersetzt den Schotter-Spezialisten Kankkunen für zwei Rallyes und überzeugt durch viel Kampfeswillen

Rechts: Zimmer mit Aussicht – Die Route führt durch viele Dörfer. Unten: Der erste Sieg – Gilles Panizzi schafft den Durchbruch

keine Auslaufzonen gibt. Weil man die kurvigen Strecken im Training nur zweimal abfahren darf, ist es die schwerste Asphalt-Rallye der WM."

Die drei Unfälle bei der Rallye Korsika haben Folgen: Erstmals seit langer Zeit machen sich Teams und Fahrer wieder ernsthafte Gedanken über Sicherheit. Ford-Pilot Carlos Sainz tauscht zur nächsten Rallye seinen offenen Helm gegen einen Integralhelm. „Ich denke häufig über Sicherheitsaspekte nach", erklärt der spanische Ex-Weltmeister und fordert vom Weltverband FIA eine permanente Rettungstruppe mit einem Rallyearzt, die bei jedem WM-Lauf dabei sind. „Das hätte den Vorteil, dass wir uns überall auf der Welt darauf verlassen können, dass erfahrene Spezialisten im Einsatz sind."

Korsika

Manche Fahrer verdrängen das Risiko. Colin McRae ist einer davon: Er verzichtet nicht auf seinen offenen Helm. Und bei heissen Rallyes fährt er weiterhin in T-Shirt statt feuerfestem Overall. „Hätte mein Auto zu brennen begonnen, hätte es für mich keine Überlebenschance gegeben, egal ob mit oder ohne Overall", glaubt er. Durch die Unfälle tritt das sportliche Geschehen fast in den Hintergrund. Doch die Rallye markiert auch das Comeback des Franzosen Gilles Panizzi im Peugeot-Werksteam. Panizzi, der sich mit einer Schlägerei bei der Safari-Rallye die Sympathien im Team verscherzt hatte, darf die Asphalt-Rallyes auf Korsika und in San Remo bestreiten. Auf diesem Untergrund ist der kleine Franzose sehr schnell. Zudem hat er im Sommer viel für Peugeot getestet. „Testfahrten und Wettbewerb sind zwei Dinge", kommentiert er. „Es ist schwierig, nach einer so langen Pause wieder Rallye zu fahren." Aber Panizzi schafft das Comeback. Er kämpft mit seinem Teamkollegen François Delecour hartnäckig um den Sieg.

Oft trennen die beiden Asphalt-Spezialisten nur wenige Zehntelsekunden. Am Ende wird Peugeot-Sportchef Corrado Provera der Kampf zu heiss. Auf der letzten Etappe gibt er eine Teamorder aus. Panizzi soll vor Delecour ins Ziel kommen. „Dies ist keine Entscheidung gegen Delecour, sondern für Peugeot. Wir wollen die maximalen Punkte für die Marken-WM holen", begründet er. Delecour ist sauer: „Ich habe in den letzten Jahren nie mein Auto weggeworfen. Ich habe alles unter Kontrolle. Man sollte mir doch einfach vertrauen, dass ich mein Auto ins Ziel bringe." Doch der Franzose muss sich der Entscheidung der Teamleitung beugen:

Links und oben: Kaputter als erlaubt – als bei Kenneth Eriksson eine Felge bricht, hindert ihn die Polizei am Weiterfahren

Links: Heimspiel – Gilles Panizzi ist bei den Fans in Frankreich beliebt

Citroën plant WM-Einstieg für 2001

In der Saison 1999 feierte Citroën mit dem frontangetriebenen Citroën Xsara Kitcar zwei WM-Siege in Spanien und auf Korsika und liess die Allrad-Konkurrenz hinter sich. Ein Jahr später sind die Citroën-Werkspiloten Philippe Bugalski und Jesus Puras nicht mit dem siegfähigen Citroën Xsara, sondern nur mit zwei kleinen Citroën Saxo Kitcars auf der französischen Mittelmeerinsel im Einsatz.

Der Grund: Citroën plant einen WM-Einstieg für die Saison 2001 und setzt bereits im Jahr 2000 einen Allrad-Xsara in der Französischen Meisterschaft ein. Das neue Auto verfügt nicht nur über Allrad-Antrieb und Turbo-Aufladung. Es entspricht technisch einem World Rally Car. Da der Xsara allerdings nicht als World Rally Car homologiert ist, heisst er „FRC" und darf nur in der nationalen Meisterschaft starten.

Deshalb müssen Bugalski und Puras bei der wichtigsten französischen Rallye auf ein anderes Modell aus dem Hause Citroën ausweichen und im Mittelfeld fahren. „Wir sammeln hier nur Erfahrungen und arbeiten am Streckenaufschrieb", erklärt der Spanier Jesus Puras.

Die Nachrichten aus dem Hause Citroën lassen einen starken Einstieg für die Saison 2001 erwarten. In der französischen Meisterschaft eilt Philippe Bugalski mit seinem FRC-Citroën von Sieg zu Sieg und sichert sich bereits lange vor dem Saisonende den Titel. „Die Asphalt-Version unseres neuen Autos ist jetzt einsatzfähig", verkündet Teamchef Guy Frequelin bereits im Sommer 2000. Der Schwede Thomas Radström absolviert zur gleichen Zeit erste Schotter-Tests. Bei diesen Fahrten rollt der neue Citroën mehr als 400 Kilometer ohne Probleme. Trotz der guten Vorbereitung will Citroën mit dem neuen Allrad-Auto in der Saison 2000 nur vier WM-Rallyes bestreiten. Im Jahr 2002 werden die Franzosen bei der Hälfte der WM-Rallyes an den Start gehen. Erst in der Saison 2003 ist ein komplettes WM-Engagement geplant.

Auf dem Sprung – in der Saison 2001 kehrt Citroën mit einem neuen World Rally Car in die WM zurück

Oben und rechts: Test-Fahrer – der Italiener Piero Liatti (links) und Beifahrer Carlo Cassina fahren einen Ford Focus mit neuer Schaltung

Für ihn bleibt „nur" Rang zwei, immerhin sein bestes Resultat seit Jahren in der WM. Für Peugeot ist es der erste Doppelsieg seit dem Einstieg – und der allererste Erfolg auf Asphalt. Gilles Panizzi ist nach seinem Sieg überglücklich: „Ich habe als Kind immer davon geträumt, Rallyes zu fahren, Französischer Meister zu werden und einen WM-Lauf zu gewinnen. Jetzt habe ich diese drei Ziele erreicht."

Von Panizzi und Delecour hat man bei Peugeot ein starkes Ergebnis erwartet, nicht aber von Marcus Grönholm. Denn „Bosse" hat kaum Erfahrung auf Asphalt. Doch wieder einmal gelingt es dem Finnen, seine Arbeitgeber zu verblüffen. Grönholm fährt eine sehr vorsichtige Rallye, leistet sich keine Fehler, kommt schließlich als Fünfter ins Ziel und behauptet seine WM-Führung. Sehr zur Enttäuschung des Subaru-Piloten Richard Burns, der nur einen Platz vor Grönholm landet. ■

Oben: Sammeln Auslandserfahrung – Niklas Birr und Co im Citroën Saxo

Oben: Sieg Nummer zwei – Gilles Panizzi wiederholt seinen Erfolg von Korsika. Rechts: Wieder im Cockpit – nur eine Narbe über McRaes Auge erinnert an den Horror-Crash von der Rallye Korsika

Gute Aussichten – Mitsubishi verbucht in den italienischen Seealpen einige gute Zeiten

Wiederholungs-Täter

San Remo

Links: *Brothers in Arms* – die Peugeot-Piloten Hervé und Gilles Panizzi (ganz links)

Nach wenigen Wertungsprüfungen der San Remo-Rallye liegen beide Werks-Peugeot in Führung. Und doch herrscht im Lager der Franzosen dicke Luft. Pilot François Delecour beschuldigt seinen Teamkollegen Gilles Panizzi, auf den italienischen Bergstrecken illegal trainiert zu haben. Panizzi ist in der Szene dafür bekannt, dass er früher bereits häufiger heimlich die Strecken abfuhr, um sich besser vorzubereiten. Er wohnt zudem im französischen Sospel, nur wenige Kilometer von den Wertungsprüfungen der San Remo-Rallye entfernt. Bereits beim offiziellen Training kommt es zu einem ersten Zwischenfall zwischen Delecours Beifahrer Daniel Grataloup und Copilot Hervé Panizzi. „Zeig doch mal euren Aufschrieb", fordert Grataloup. Panizzi weigert sich, das Gebetbuch zu öffnen. Daraufhin ist für Delecour und seinen Beifahrer klar: Panizzi hat etwas zu verbergen – vielleicht einige Notizen im Aufschrieb, die ihn nun, vor dem offiziellen Training, entlarven könnten?

„Ich habe ein reines Gewissen", verteidigt sich Panizzi, der wenige Wochen zuvor die Korsika-Rallye gewonnen hat. „Wenn ich trainiert hätte, würde ich jetzt nach Hause gehen." Müsste er auch. Denn im Peugeot-Werksteam gilt: Wer beim Betrügen erwischt wird, wird fristlos gefeuert. Niemand hat Beweise gegen Gilles Panizzi. Trotzdem verstummen die Querelen nicht. Der Franzose ist nicht der einzige Fahrer, der im Verdacht steht, die Prüfungen heimlich abgefahren zu haben. „Als wir im offiziellen Training in der ersten Runde den Aufschrieb gemacht haben, wurden wir von schnellen Autos überholt", berichtet Skoda-Werkspilot Armin Schwarz. „Das ist aber fast unmöglich, wenn man gerade mit dem Training beginnt. Und mein Beifahrer Manfred Hiemer schreibt wirklich schnell..."

Doch keiner der ständigen Werkspiloten steht unter „Trainingsverdacht", sondern vor allem Teams aus der Italienischen Meisterschaft oder Privatfahrer aus der WM. „Wer ein volles WM-Programm absolviert, hat weder Lust noch Zeit, zwischendurch die Prüfungen abzufahren", meint Schwarz. Da im offiziellen Training nur zwei Durchgänge auf den Wertungsprü-

Neu: „Rallye auf der Rennstrecke"

„Rallye auf der Rennstrecke" heißt ein Versuch, die Zuschauer-Ströme in den italienischen Seealpen einzudämmen. Traditionell ist die San Remo-Rallye einer der WM-Läufe mit den meisten Fans und dem größten Chaos. Deshalb werden die Prüfungen mehrfach befahren, und zwar – das ist neu – in beide Richtungen. Die Fans können so von einem Punkt aus die Fahrzeuge bis zu viermal erleben, werben die Veranstalter. Am ersten Tag stehen nur zwei Prüfungen auf dem Programm, die in jeder Richtung zweimal absolviert werden. Serviceplatz ist drei Tage lang der Hafen von San Remo – damit werden Servicetrucks aus dem Rallyegebiet verbannt. Außerdem reduziert sich der Trainingsaufwand für die Teams.

Doch die „Rallye auf der Rennstrecke" hat Nachteile. Das Rallyegebiet ist so weiträumig abgesperrt, dass Fans zehn bis zwölf Kilometer zu den Prüfungen laufen müssen. Wer mehr als eine Kurve sehen will, hat keine Chance. Sich im Rallyegebiet zu bewegen, ist fast unmöglich.

Um die Prüfungen mehrfach zu befahren, muss der Veranstalter lange Regrouping-Zeiten einplanen. Der Rallyetross ist viele Stunden unterwegs, absolviert aber nur wenige WP-Kilometer. Die Gefahr: Muss eine Wertungsprüfung abgesagt werden, sind drei weitere ebenfalls gefährdet, weil sich unkontrollierbare Zuschauerströme in Bewegung setzen. Regen und wechselhaftes Wetter können zudem für gefährliche Stellen sorgen, da die Fahrer „cutten", und so Schmutz auf die Strecke tragen.

Die Reaktion der meisten Fahrer ist dennoch nicht negativ. „Eine Prüfung in umgekehrter Richtung zu fahren, macht sie komplett neu", kommentiert Marcus Grönholm. Die Veranstalter haben Glück, das Experiment verläuft ohne größere Katastrophen. Am letzten Tag müssen aber beide Prüfungen abgebrochen werden. Damit haben die Fans, die am Haupt-Zuschauertag zur Strecke gelaufen sind, so gut wie nichts gesehen. Und die Fahrer haben Stunden untätig im Auto verbracht.

Warten auf die Stars – bei der San Remo-Rallye dürfen die Fans nicht im Rallyegebiet herumreisen

Oben: Zuschauer-Magnet – die San Remo-Rallye ist traditionell ein Highlight für Fans

Rechts: Moralische Unterstützung – der Dudelsack-Mann folgt Ford-Pilot Colin McRae rund um die Welt.
Unten: Erster Test – Uwe Nittel fährt erstmals einen Gruppe A-Toyota

Rechts: WM-Debüt – der deutsche Privatfahrer Lothar Diederich landet mit einem Peugeot 205 auf Rang drei seiner Klasse

fungen erlaubt sind, bringt illegales Training eine Menge an Streckenkenntnissen und einen perfekten Aufschrieb – beides lässt sich während der Rallye in gute Zeiten umsetzen. Vor allem bei Asphalt-Rallyes, wie Armin Schwarz erklärt: „Auf Asphalt kommt es auf die perfekte Linie und die richtigen Bremspunkte an. Auf Schotter muss man viel mehr improvisieren, deshalb bringt dort Training nicht viel."

Armin Schwarz hat in Italien nicht viel Glück. Am Skoda des Deutschen löst sich zweimal eine Differenzialdichtung auf. Schwarz hat starke Brems- und Handlingsprobleme und verliert Zeit. Am Ende wird der Deutsche Zwölfter, ist damit aber noch zufrieden. „Wir haben seit dem vergangenen Jahr einen Fortschritt auf Asphalt gemacht und den Rückstand auf die anderen Teams verkleinert", erklärt er. „Deshalb darf man nicht nur die Zeiten sehen." Doch Schwarz erwartet noch viel Arbeit für das Team. „Wir haben zwar nun mehr Motorleistung. Doch wir müssen am Ansprechverhalten des Motors arbeiten, damit wir die volle Leistung in den Drehzahlbereichen haben, in denen wir sie brauchen."

Über solche Probleme kann Gilles Panizzi nicht klagen. Wie auf Korsika dominiert

Links und oben: Zweimal Armin Schwarz – bei der Physio-Behandlung und auf der Prüfung

Links: Kit for Fun – Renato Travaglia im Peugeot 306 Kitcar. Unten: „Es tut mir leid" – Richard Burns nach seinem Ausfall im Gespräch mit Teamchef David Richards

der Franzose die gesamte Rallye. „Ich konnte meinen Vorsprung auf den etwas feuchten und rutschigen Wertungsprüfungen der ersten Etappe herausfahren", kommentiert er später. „Aber ich darf nicht langsamer werden, hinter mir lauert die Konkurrenz."

Vor allem Teamkollege François Delecour, seit der Diskussion um das verbotene Training mit viel Wut im Bauch, macht heftig Druck. Der Franzose hat am ersten Tag wichtige Sekunden verloren, als wegen eines defekten Ansaugschlauchs der Peugeot-Motor Leistung verlor. Diesen Rückstand kann er nicht mehr aufholen. Am Ende belegt er Rang zwei hinter seinem Teamkollegen Gilles Panizzi.

Keine Rolle im Kampf um den Sieg spielt Subaru-Pilot Richard Burns. Der Brite hat am ersten Tag Probleme, den Speed der Spitze mitzugehen. „Auf trockenen Strecken fühle ich mich gut. Aber wenn es feucht ist, habe ich beim Lenken und Bremsen nicht genügend Selbstvertrauen." Auf der zweiten Etappe passiert Burns ein folgenschwerer Fehler. Auf Rang drei liegend, kracht er mit seinem Subaru gegen einen Kilometerstein. Der Kühler wird beschädigt. Die letzten 40 Kilometer der Verbindungsetappe muss Burns ohne Öl und ohne Kühlwasser zurücklegen. Zwar rettet er sein Auto in den Service, doch der Subaru-Motor ist bereits tot. Null Punkte für Burns.

Frühes Aus auch für den Deutschen Uwe Nittel. Der Ex-Mitsubishi-Werkspilot feiert in Italien sein Debüt im Toyota Corolla.

San Remo

Seit dem Ende seines Mitsubishi-Programms hat er kein Gruppe A-Fahrzeug mehr pilotiert. Ein Einsatz mit einem privaten Gruppe N-Fahrzeug endet in der laufenden Saison mit einem Klassen-Sieg, allerdings leidet Nittel meist unter technischen Problemen. Im Toyota Corolla WRC des Grifone-Teams fühlt er sich hingegen auf Anhieb sehr wohl. „Das Auto ist sehr einfach zu fahren", kommentiert der Schwabe, der einige gute Zeiten verbucht, dann aber auf der zweiten Etappe so unglücklich von der Strecke rutscht, dass er das kaum beschädigte Fahrzeug nicht wieder auf die Straße zurückmanövrieren kann. Für Nittel ist die Rallye damit beendet.

Die Aufholjagd der Rallye zeigt Weltmeister Tommi Mäkinen. Auf der ersten Etappe dümpelt der Finne noch langsam hinterher. Dann verändert er die Abstimmung seines Mitsubishi. „Deutlich besser", strahlt er. „Jetzt kann ich richtig Druck machen." Mäkinen kämpft sich auf der zweiten Etappe bis auf den dritten Rang nach vorne – und verzeichnet sein bestes Ergebnis seit der Argentinien-Rallye.

Wieder einmal sorgt der Tabellenführer Marcus Grönholm für eine Überraschung. Wie bereits auf Korsika erweist sich der Schotter-Spezialist auch auf Asphalt als sehr schnell. Nur am Ende muss er kurz um seinen vierten Rang zittern. Grönholm touchiert nämlich auf der vorletzten Wertungsprüfungen eine Mauer und beschädigt die Radaufhängung seines Peugeot. Mit Mühe kann er den Schaden selbst reparieren und schafft so noch den Weg ins Ziel. Als er über Funk seine Zeit ans Peugeot-Werksteam durchgibt, jubeln die Mechaniker. Marcus Grönholm ist selbst erstaunt. „Ich hatte fest damit gerechnet, auf den beiden Asphalt-Rallyes meine Führung in der WM abzugeben. Doch nun ist mein Vorsprung sogar größer als vorher", strahlt er.

Durch den Doppelsieg der beiden für die Markenwertung nominierten Fahrer Delecour und Panizzi übernimmt Peugeot erstmals auch die Führung in der Marken-Wertung. Die Freude im Team ist so groß, dass sogar die anfänglichen Querelen um das illegale Training in Vergessenheit geraten. ■

Die Australien-Rallye bietet nicht nur anspruchsvolle Wertungsprüfungen, sondern auch eine faszinierende Landschaft

Die Letzten werden die Ersten sein

Australien

Unten: Der Wald lebt – das Ziel der Rallye liegt in einem Holzfäller-Camp mitten im Wald

Oben: Comeback ohne Wert – Tommi Mäkinen wird nach seinem Sieg disqualifiziert.
Links: Dirty Tricks – Richard Burns (rechts) und Copilot Robert Reid wechseln einen Reifen, um in der Startreihenfolge weiter nach hinten zu rutschen

Normalerweise wird in der Rallye-WM das Schnellfahren belohnt. Nicht so bei der Australien-Rallye. Die Strecken an der Westküste sind mit einer dünnen Schicht von murmelartigem Schotter bedeckt. Wer hier als Erster auf die Strecke muss, spielt für seine Verfolger den Straßenfeger. „Gute Zeiten sind erst später im Feld möglich“, erklärt Ford-Werkspilot Carlos Sainz. Nur wer mit einer guten – das heißt späten – Startposition in die letzte Etappe geht, hat eine Chance auf den Sieg.

Das sorgt für kuriose Begebenheiten auf den ersten beiden Etappen. Tagsüber geben Carlos Sainz, Tommi Mäkinen und Marcus Grönholm Vollgas. Abends taktieren sie, um am nächsten Tag weit hinten zu starten. Freiwillig geben die Topfahrer wichtige Sekunden ab, denn entscheidend für die Startreihenfolge der nächsten Etappe ist das Zwischenklassement. Tommi Mäkinen und Marcus Grönholm fahren bewusst langsam, lassen sich über Funk die Zeiten der vorherigen Fahrer durchgeben. Subaru-Pilot Richard Burns braucht keine Tricks: Er hat zu Beginn der Rallye ein Bremsproblem und liegt ohnehin weiter hinten.

Carlos Sainz zeigt seine Taktik drastisch: Der Ford-Pilot parkt zehn bis 20 Sekunden auf der vorletzten Prüfung des ersten Tages. Die Aktion des Spaniers hat Folgen. Zwar ist das Anhalten auf der Prüfung nicht verboten. Aber Sainz und Beifahrer Luis Moya unterläuft ein folgenschwerer Fehler: Sie stoppen zwischen der gelben Warntafel der Zielankündigung und der Lichtschranke im Ziel – im absoluten Halteverbot. Sainz wird disqualifiziert. Durch die Nullrunde hat er seine Chancen auf den WM-Titel verschenkt.

Lange Gesichter bei Ford. „Ich bin sehr enttäuscht“, kommentiert Teamchef Malcolm Wilson. Denn auch Colin McRae, sein zweiter Fahrer, hat sich aus dem WM-Rennen bereits verabschiedet – er scheidet mit Motorschaden aus. Bleiben als Titel-Kämpfer nur noch Richard Burns und Marcus Grönholm übrig, und – mit hauchdünnen Chancen – Weltmeister Tommi Mäkinen.

Richard Burns gibt auf der zweiten Etappe Gas. Durch seine Bremsprobleme am Tag zuvor hat er eine gute Startposition auf den Prüfungen. Schon am Morgen übernimmt er die Führung. Doch auch am dritten, entscheidenden Tag droht das Handicap, als Führender auf „schmutzigen“ Strecken zu starten. „Mit einem größeren Vorsprung würde ich es vielleicht wagen, als Erster zu starten“, überlegt Burns. Dann greift auch er zur Taktik und lässt sich am Ende des Tages zurückfallen.

Auf der zweiten Etappe zeigen sich die Teams richtig erfinderisch dabei, ihre Gegner auszutricksen. Mitsubishi beispiels-

Rechts: Alles riskiert – Marcus Grönholm auf der letzten Etappe. Unten: Mitten drin statt nur dabei – erstmals wird die Rallye live auf Videowänden gezeigt

Rechts: In den Punkten – Seat bringt beide Autos ins Ziel. Unten: Auf Zeitenjagd – Richard Burns im Subaru

Oben: Locker – Marcus Grönholm beim Fototermin. Links: Achtung, glatt – der australische Schotter ist tückisch

Oben: Heimspiel – der Australier Neil Bates im Toyota. Links: Der erste Arbeitstag – Marko Märtin bestreitet seinen ersten Einsatz im Werks-Subaru

weise. Während die anderen Teams Zwischenzeiten nehmen, um daraus zu errechnen, wann sie ihre eigenen Fahrer zurückpfeifen müssen, zieht Tommi Mäkinen einen neuen Trumpf aus dem Ärmel. Er leistet sich absichtlich einen Frühstart. Auf der Prüfung fährt er – genau wie seine direkten Gegner – relativ langsam. Nach der Prüfung ist Mäkinen an die Spitze des Klassements gespült. Später wird der Frühstart mit einer Strafzeit geahndet, Mäkinen fällt planmäßig zurück.

Australien

Richard Burns greift noch später in die Trickkiste: Er simuliert einen Reifenschaden vor der ersten Prüfung des letzten Tages, wechselt das Rad und darf durch die Verspätung als Dritter hinter Grönholm und Mäkinen starten. „Der Reifen hatte zu wenig Luft, das haben wir vorher nicht festgestellt“, verteidigt Burns seine Aktion. Marcus Grönholm ist stinksauer. Nachdem er schon am ersten Tag für seine Konkurrenten den Straßenfeger gespielt hat, muss er auf der entscheidenden letzten Etappe wieder als Erster starten. Und trotzdem verliert der Finne nicht die Nerven. Nur Landsmann Tommi Mäkinen schafft es, an Grönholm vorbeizugehen. Der Mitsubishi-Mann trumpft erstmals seit neun Monaten wieder richtig auf, fährt Bestzeit nach Bestzeit. „Mein Auto ist auf Schotterprüfungen jetzt richtig gut, wir haben in den vergangenen Monaten viel an den hinteren Radaufhängungen gearbeitet“, erklärt der Finne.
Erstmals seit der Rallye Monte Carlo feiert Mäkinen wieder einen Sieg. „Es fühlt sich toll an, ich habe dieses Gefühl ja schon fast vergessen“, gesteht er. Trotzdem hat Mäkinen seine letzten Titelchancen verloren. Weil nämlich die beiden Führenden der WM, Richard Burns und Marcus Grönholm, direkt hinter Mäkinen liegen, ist dessen Punkterückstand zu groß, um beim Saisonfinale in England noch Titel-Chancen zu haben.
Zwischendurch trennen nur Bruchteile von Sekunden Burns und Grönholm, doch die Rechnung des Briten geht nicht auf. Trotz seiner besseren Startposition verliert er gegen Grönholm. Die Entscheidung fällt in der allerletzten, nur knapp drei Kilometer langen Wertungsprüfung, wo „Bosse“ Grönholm alles auf eine Karte setzt. „Ich bin 110 Prozent gefahren“, gesteht er. „Wir sind einmal so weit rausgerutscht, dass ich meinem Beifahrer Timo zugebrüllt habe: Das war's! Und Timo hat zugestimmt.“ Doch die Aktion geht gut, und Marcus Grönholm wird hinter Tommi Mäkinen Zweiter.

Heißer Fight in der Gruppe N

Jahrelang dümpelt die seriennahe Gruppe N sachte vor sich hin. Viermal in Folge sichert sich Gustavo Trelles aus Uruguay den WM-Titel. Immer ist die Meisterschaft schon früh in der Saison entscheiden, so dass der korpulente Kaufmann gar nicht erst zum Saisonfinale nach England reisen muss. In der Saison 2000 muss sich Trelles dagegen richtig anstrengen. Denn in dem Österreicher Manfred Stohl hat der 48-jährige Routinier einen starken Gegner gefunden. Stohl, bereits seit Jahren in der Gruppe N unterwegs, schlägt Trelles mit seinen eigenen Waffen. Der erst 28 Jahre junge Mitsubishi-Pilot sammelt fleissig Punkte, versucht, möglichst wenig Risiken einzugehen. Bereits bei der Australien-Rallye könnte sich Stohl den Titel mit einem Sieg vorzeitig sichern. Doch Trelles mobilisiert noch einmal alle Kräfte und siegt in Australien. Manfred Stohl belegt nach Reifenproblemen und einem Ausrutscher nur den dritten Rang in der Gruppe N.

Damit fällt die WM-Entscheidung seit Jahren erstmals wieder beim Saisonfinale in England. Zwar haben nur die beiden Mitsubishi-Piloten Trelles und Stohl noch Titel-Chancen, doch die Gruppe N-Weltmeisterschaft ist keinesfalls ein Fall für zwei. Nach der Australien-Rallye, dem 13. WM-Lauf, steht es nach Siegen lediglich 3:3 zwischen Stohl und Trelles. Denn viele andere Piloten mischen kräftig mit. Der Finne Jani Paasonen verbucht zwei Siege. Gianluigi Galli, Miguel Campos und der Deutsche Uwe Nittel feiern jeweils einen Sieg, spielen aber in der Titel-Vergabe keine Rolle. Ebenfalls keine Rolle in der Titel-Entscheidung spielen die beiden Argentinier Gabriel Pozzo und Claudio Menzi. Sie werden von der Region Cordoba gefördert und sind bei den meisten WM-Rallyes im Einsatz. Niemand Geringeres als Ex-Beifahrer Martin Christie kümmert sich um die beiden Nachwuchs-Fahrer, die jeweils einen Sieg feiern. Die beiden haben das gleiche Ziel wie Manfred Stohl und Gustavo Trelles: Weltmeister werden. Bis dahin müssen sie aber noch viel Erfahrung sammeln.

Vier Gruppe-N-Titel hat er schon – doch diesmal muss sich Gustavo Trelles mehr anstrengen als bisher

Oben: Tapio Laukkanen fährt den dritten Werks-Ford. Rechts: Halt, Reifen-Kontrolle

Unten: Night-Fever – Action in Perth-City

Die Diskussionen um die Teamtaktiken verstummen nicht. Dabei gibt es längst gute Lösungsansätze. „Im vergangenen Jahr durften wir unsere Startposition selbst wählen", erinnert sich Tommi Mäkinen. „Und das Experiment der Veranstalter war gut. Schade, dass man das in diesem Jahr nicht wieder so gemacht hat." Bei Peugeot ist man längst nicht mehr sicher, ob die Taktikspielchen Sinn machen. „Marcus hat an zwei von drei Tagen die Strecke eröffnet. Nächstes Jahr werden wir ihn nicht taktisch einbremsen", überlegt Sportchef Corrado Provera.

Als Marcus Grönholm am nächsten Tag aufwacht, hat er die Rallye gewonnen. Denn in der Nacht hat man Tommi Mäkinen disqualifiziert. Bei der Nachuntersuchung wird festgestellt, dass der Turbolader nicht der Homologation entspricht. Das Gehäuse des Turbos ist vom Zulieferer unbemerkt verändert worden. „Wir bekommen Motor und Turbo komplett und verändern selbst nichts daran", erklärt Teammanager Phil Short. „Die Teile kamen so kurzfristig vor der Rallye, dass wir sie nicht kontrolliert haben." Mäkinen hat Glück im Unglück: Er verliert zwar den Sieg, aber der Weltverband FIA sieht von einer weiteren Strafe ab, weil dem Team keine Absicht nachzuweisen ist.

„Es ist komisch, eine Rallye auf diese Art zu gewinnen", staunt Grönholm. Bei Peugeot setzt nach und nach Freude ein. Beim Nachrechnen der Punkte stellt man nämlich fest, dass man vorzeitig die Marken-WM gewonnen hat. „Es ist unglaublich, wir haben unser großes Ziel schon im ersten Jahr erreicht", jubelt Peugeot-Sportchef Corrado Provera. „Und es werden sicherlich noch viele Titel folgen."

Marcus Grönholm kann sehr entspannt zum Saisonfinale nach England reisen. Sein Vorsprung vor Burns ist auf neun Punkte angewachsen. Zwei Punkte würden ihm zum Titelgewinn reichen, selbst bei einem Heimsieg von Burns. „Doch manchmal sind zwei Punkte schwerer zu erringen, als ein Sieg", kommentiert der Finne nachdenklich. ■

Oben: Im Aufwind – Hyundai zeigt in Australien eine starke Leistung. Kenneth Eriksson verbucht sogar eine Bestzeit

Oben: Versöhnlicher Ausklang – Tommi Mäkinen wird beim Finale Dritter

Unten: Quer daher – Burns riskiert bei der Rallye Großbritannien nochmal alles

Geschafft – Marcus Grönholm (rechts) und Timo Rautiainen gewinnen im Peugeot 206 WRC den WM-Titel

Links: Verpasst – Richard Burns und Robert Reid siegen, holen aber „nur“ den Vizetitel

Großbritannien

Hoffen und Bangen

WM 2001: Schöne Aussichten

Nach einer absolut nervenaufreibenden Saison 2000 wartet auf die Fahrer und Fans ein nicht weniger interessantes Rallye-Jahr 2001: Die kommende Saison hat neue Hersteller, explosive Fahrer-Kombinationen und neue Fahrzeuge zu bieten. Nach dem Seat-Ausstieg zum Saisonende 2000 hat sich bereits ein neuer Hersteller für die Rallye-WM angekündigt: Citroën wird 2001 sein Debüt mit einen Xsara World Rally Car feiern und vereinzelte WM-Rallyes bestreiten. Die Franzosen haben ihren Testlauf in der Französischen Meisterschaft bereits mit Bravour bestanden. Doch auch bei den etablierten WM-Marken gibt es neue Fahrzeuge: Subaru startet bei der „Monte" 2001 mit einem neuen Impreza. Mitsubishi steigt als letzter Hersteller von einem Gruppe A-Fahrzeug auf ein World Rally Car um. Das Debüt des Lancer WRC ist bei der San Remo-Rallye. Als Fahrer kommen bei Mitsubishi weiterhin die beiden Stamm-Fahrer Tommi Mäkinen und Freddy Loix zum Einsatz. Subaru fährt erstmals mit einem Vierer-Team, bestehend aus Richard Burns, Juha Kankkunen und den beiden Junioren Markko Märtin und Petter Solberg. Skoda hat den Belgier Bruno Thiry als zweiten Fahrer neben dem Deutschen Armin Schwarz verpflichtet.
Der WM-Kalender bietet wieder 14 WM-Rallyes. Traditioneller Saisonstart ist die Rallye Monte Carlo im Januar, das Finale ist wieder im November in Großbritannien. Doch dazwischen gibt es einige Neuerungen: Die Safari-Rallye ist von ihrem angestammten Februar-Termin in den Sommer gewandert. Der im Jahr 2000 erstmals auf Zypern ausgerichtete WM-Lauf wurde wieder in den WM-Kalender aufgenommen. Deutsche Fans müssen sich aber noch ein wenig gedulden, bis Carlos Sainz, Colin McRae und Co. bei der Deutschland-Rallye starten. Denn die deutsche WM-Bewerbung wurde auf 2002 verschoben. Bereits 2001 werden die Deutschland und die Hunsrück-Rallye fusionieren und zu einem Probelauf für eine deutsche WM-Rallye umfunktioniert.

Einstieg im Visier – Citroën wird 2001 mit dem Xsara World Rally Car sein Debüt in der WM geben

Oben und rechts: Premiere – Manfred Stohl (links) wird erstmals Gruppe N-Weltmeister

Rechts: Out – Colin McRae scheidet als Führender nach einem Überschlag aus

„Ich kann nichts tun, ich bin machtlos." Subaru-Pilot Richard Burns ist in keiner leichten Situation, als er zur Rallye Großbritannien reist. „Marcus hat neun Punkte Vorsprung. Er muss nur als Fünfter ins Ziel kommen. Ich hingegen muss siegen, abwarten und hoffen, dass er keine Punkte sammelt."
Burns, der in den letzten beiden Jahren sein Heimspiel in den britischen Wäldern gewann, gilt wieder als großer Favorit. Schließlich hat er in England und Wales seine Karriere begonnen und hat dort extrem viel Erfahrung. Trotzdem ist er vor dem Start besorgt. Denn fanatische finnische Fans haben angekündigt, Grönholm notfalls sogar mit unfairen Mitteln zum Titel zu verhelfen.
„Ich hoffe auf eine faire Rallye", verkündet Tabellenführer Marcus Grönholm. Auch bei ihm schleicht sich Unruhe ein: Was ist, wenn fanatische britische Fans ihm sprichwörtlich Steine in den Weg legen sollten? Die Sorgen der beiden Titelkämpfer sind aber unbegründet: Die Rallye verläuft ohne gefährliche Fan-Aktionen.
Die Rallye Großbritannien hat auch ohne Eingreifen von Fans genügend Tücken zu bieten: Regen hat die Wertungsprüfungen in glitschige Schlamm-Pfade verwandelt. Morgens erschwert Nebel die Sicht. Und heftige Regenschauer sorgen zwischendurch für einen erhöhten Adrenalin-Spiegel. Eine Zuschauerprüfung im Hafen des Rallyezentrums Cardiff führt durch eine schwarze Matsch-Wüste. „Wir bräuchten hier besser ein Boot", kommentiert Marcus Grönholm trocken.

Die glatten und glitschigen Prüfungen in den Wäldern von Wales fordern am Morgen der ersten Etappe Opfer: Mitsubishi-Junior Freddy Loix verabschiedet sich – wieder einmal – nach einem Unfall. „Er hat sicher einen Deal mit den Hotels, dass er Geld zurückbekommt, wenn er früh abreist", frotzeln einige Journalisten. Auch Top-Fahrern passieren Missgeschicke: Juha Kankkunen beispielsweise verbeult bei einem Abflug die Fahrertür. Sein Teamkollege Richard Burns rutscht ebenfalls von der Strecke und beschädigt die hintere linke Radaufhängung. „Ich konnte den Schaden notdürftig selbst reparieren", erklärt der Brite, der mit einem krummen Subaru an den Service rollt. Zwar kann Burns weiterfahren, doch er hat eine Minute verloren. Die Titelchancen des Briten schwinden: Eine Minute bei einem Highspeed-Event aufzuholen erscheint fast unmöglich.

Links: Zwei Punkte – „Oldie“ Juha Kankkunen wird beim Finale Fünfter

Oben: Podest verpasst – Carlos Sainz treibt seinen Ford Focus auf Rang vier. Links: Hände hoch – Mäkinen (rechts) und Beifahrer Mannisenmäki feiern Rang drei

Großbritannien

Peugeot-Mann Marcus Grönholm kann zunächst aufatmen. Für ihn läuft die Rallye nach Plan. Denn Ford-Pilot Colin McRae führt. Grönholm gibt sich aber mit dem Gedanken, dass er nur Fünfter werden muss, nicht zufrieden: Auch er fährt zu Beginn der ersten Etappe zwei Bestzeiten. „Die Zeiten sind okay“, meint der Finne grinsend. „Aber wir fahren keine spezielle Attacke. Die Strecken sind so schwierig, hier will ich nicht unnötig etwas riskieren.“ Trotzdem gibt es unkalkulierbare Zwischenfälle. „Es liefen drei Schafe auf der Strecke“, berichtet Grönholm später atemlos. „Ich wollte ausweichen, habe aber eines getroffen. Glücklicherweise ist nichts passiert.“

Zwischendurch übernimmt Marcus Grönholm sogar die Führung, muss dann zum Abend des ersten Tages wieder McRae passieren lassen. „Ich wollte im Dunkeln keine Risiken eingehen, zudem gab es ein Problem mit dem Differenzial“, erklärt der Finne.

Auch auf der zweiten Etappe läuft für Peugeot zunächst fast alles nach Plan. Ärgerlich für Grönholm: Er kann nicht auf die Unterstützung seines Teamkollegen François Delecour hoffen. Der Franzose hat sich zu Beginn der Rallye in der Reifenwahl verpokert und ist weit zurückgefallen. Delecour holt zwar ständig auf, ist aber von der Spitze weit entfernt. Dafür schlägt sich Gilles Panizzi prächtig: Der Asphalt-Spezialist fährt Fabelzeiten und behauptet sich unter den Top 10: „Ich lerne auf jedem Kilometer viel dazu. Und ich mache mir wenig Gedanken, sondern konzentriere mich jeweils nur auf die nächste Prüfung.“

Plötzlich muss Marcus Grönholm doch um seinen Titel zittern: Von hinten kommt Richard Burns in großen Schritten näher. Der Brite spielt seine Erfahrung aus und fährt Bestzeit um Bestzeit. Auf der zweiten Etappe liegt er plötzlich bereits auf Rang drei hinter Grönholm. Dann fällt der Führende Colin McRae nach einem Überschlag aus.

„Jetzt hat sich die Situation für mich verändert“, analysiert Marcus Grönholm. Denn Colin McRae, der ihn vor einem Sieg von Richard Burns schützen könnte, ist weg. Grönholm fährt langsamer. „Nichts riskieren“, lautet weiterhin sein Motto. Denn sollte der Finne ausfallen: Burns hätte den Titel sicher. Grönholm bleibt trotzdem locker. „Wenn wir keine technischen Schwierigkeiten haben, kann ich es schaffen“, verkündet er. Und er hat keine Probleme. Ohne Zitterpartien spult er Prüfung für Prüfung ab. Auch die beiden ersten WPs der letzten Etappe verlaufen ohne Zwischenfälle.

Nur noch 28,13 Kilometer trennen ihn nun vom größten Erfolg seiner Karriere. Vor der letzten und entscheidenden Prüfung von Margam kann Grönholm sogar noch lächeln. Dass hier zwei Jahre zuvor Carlos Sainz, damals im Toyota, in einer ähnlichen Situation, den fast sicheren Titel wenige hundert Meter vor dem Ziel verlor, daran denkt der Finne nicht. „Mir geht es gut, ich bin nicht nervös und ich höre auch keine Geräusche am Auto“, lächelt er. Sportchef Corrado Provera hingegen läuft Furchen rund um den Service. „Das lange Warten, bis zum Ende der letzten Prüfung ist einfach schlimm“, erklärt er. Die – je nach Team – erhofften oder befürchteten Dramen bleiben aus. Richard Burns siegt, Marcus Grönholm reicht Rang zwei zum Titelgewinn. „Ich habe erst wenige Rallyes vor dem Saisonende begriffen, dass ich es wirklich schaffen kann“, gesteht er. „Ich bin überglücklich, dass ich den Titel gleich in meiner ersten echten WM-Saison geschafft habe. Und ich bin dankbar, dass mir Peugeot die Chance gegeben hat, die komplette WM zu fahren.“ Sogar Rivale Richard Burns zollt dem neuen Weltmeister Anerkennung: „Wer behauptet, er hätte den Titel nicht verdient, erzählt Müll.“ ■

Der Weltmeister

Der Spät-Starter

Bescheiden – Grönholm steht mehr auf Traktoren statt auf Sportwagen

Oben: Verwandt – Beifahrer ist Schwager Timo Rautiainen. Links: Voll normal – der dreifache Vater ist ein Familienmensch

Der Weltmeister

Links: Familien-Idylle – Grönholm mal fünf.
Unten: Frühe Jahre – ‘97 im Toyota Corolla

Oben: Einzelgänger – Grönholm gehörte nie zur „finnischen Mafia“. Rechts: Vollgas voraus – auch 1998 greift er für Toyota ins Steuer

Ganze 34 Jahre alt muss der Finne Marcus Grönholm werden, bevor ihm in der Rallye-Weltmeisterschaft der Durchbruch gelingt: Erst bei der Schweden-Rallye des Jahres 2000 gelingt ihm der erste WM-Sieg und zugleich der erste Erfolg des neuen Peugeot 206 WRC. Wenige Monate später triumphiert der lange Schlacks: Er wird Rallye-Weltmeister.

„Für mich ist bereits Anfang des Jahres 1999 ein Traum in Erfüllung gegangen, als ich einen Platz im Peugeot-Werksteam gefunden habe“, gesteht der blonde Finne. Bei den Franzosen fühlt sich der 1,93-Meter-Mann sofort wohl. „Auch wenn es sicher noch Jahre dauern wird, bis ich französisch sprechen kann.“ Anders als für seine „berühmten“ Konkurrenten McRae, Sainz und Burns ist für ihn nichts selbstverständlich. Schon gar nicht die Chance, in einem Werksteam zu fahren.

Denn jahrelang schlug sich Grönholm als Privatfahrer durch. Er startete mit einem Toyota Celica in der Finnischen Rallye-Meisterschaft und holte dort mehrfach den Titel. Das Rallyeprojekt Grönholm war ein Familienunternehmen: Die Einsatzautos baute „Bosse“ – so Grönholms Spitzname – in seiner eigenen Werkstatt, sein Schwager Timo Rautiainen ist seit damals sein Beifahrer.

„Vom Rallyesport habe ich schon als Kind geträumt“, erinnert sich Grönholm. Kein Wunder, denn Vater Ulf Grönholm war Fiat-Werksfahrer in Finnland und natürlich zugleich Klein-Marcus’ großes Vorbild. Selbst als der Senior bei einem tragischen Rallyeunfall ums Leben kam, verfolgte der Filius sein Ziel weiter. „Es passierte nicht im Wettbewerb, dadurch fiel meine Entscheidung für den Rallyesport leichter“, analysiert der neue Weltmeister heute.

Bevor der Skandinavier mit 19 Jahren seine Lizenz machen durfte, fuhr er Motocross. „Ich war allerdings kein sehr guter Fahrer, denn ich war zu faul, um intensiv Konditionstraining zu betreiben“, gesteht er. Nachdem er sich bei zwei Unfällen Beinverletzungen zugezogen hatte, beendete er seine Zweirad-Karriere und begann mit dem Rallyesport.

Autofahren konnte Grönholm zu diesem Zeitpunkt schon längst. „Ich hatte mit zehn Jahren ein eigenes Auto, einen alten VW Käfer, mit dem ich zu Hause herumgedriftet bin“, erinnert er sich.

Doch der Einstieg war nicht einfach – obwohl Grönholm aus einen traditionellen Rallyeland stammt. „Ich gehörte nie zu der Gruppe um Juha Kankkunen, Tommi Mäkinen und deren Managern“, erklärt Grönholm. Nicht zur „finnischen Mafia“ zu zählen, hatte viele Nachteile: „Denn Außenstehende denken, man wäre nicht schnell genug.“ Umso schwieriger war es, Sponsoren oder Teams zu überzeugen.

Die erste große Chance erhielt Marcus Grönholm, als er 1997 beim Debüt des neuen Toyota Corolla einen Gaststart im Toyota-Werksteam bei der Finnland-Rallye genießen durfte. Grönholm führte seine Heimrallye sogar an, fiel aber mit einem Problem an der Benzinzufuhr aus.

Als er vom Peugeot-Einstieg in die Weltmeisterschaft hörte, ergriff er die Initiative und rief Teamchef Jean-Pierre Nicolas an. Die Chemie zwischen den beiden stimmte sofort. Wenig später unterschrieb Grönholm einen Zweijahres-Vertrag. „Es war mein erster Werksvertrag für ein komplettes Programm.“ Privat hat sich für Marcus Grönholm durch das WM-Engagement nicht viel verändert. „Ich bin mehr unterwegs, aber ansonsten läuft alles normal“, erklärt er. Weiterhin lebt er mit Ehefrau Tessa und den drei Kindern in einem Landhaus nahe Helsinki: „Wir haben dieses Haus in jahrelanger Arbeit renoviert.“ Wenn Ehefrau Tessa als Finnair-Stewardess durch die Welt fliegt, kümmert sich Grönholm abwechselnd mit der Familie von Timo Rautiainen um die Kinder. „In meiner Freizeit surfe ich im Internet oder mache ein wenig Sport“, erklärt Grönholm.

Statussymbole braucht der Finne nicht. Statt eines PS-starken Privatautos hat er sich lieber einen großen Traktor zugelegt, mit dem er auf dem heimischen Bauernhof herumkurvt. Um die Landwirtschaft kümmert sich Grönholm allerdings seit einigen Jahren nicht mehr. „Als mein Engagement im Rallyesport stärker wurde, habe ich die Felder an einen Cousin verpachtet“, erklärt er. Trotzdem steht für ihn ein Umzug nach Monte Carlo nicht zur Debatte. „In Finnland fühlen sich meine Kinder sehr wohl. Wir haben hier sehr viele Freunde. Und zu Hause kann ich auch am besten entspannen. ■

Die stärksten Meisterjäger

Porträts

Richard Burns

ist der ewige Zweite in der Rallye-WM. Seit Jahren gilt der inzwischen 29-jährige Brite als einer der aufstrebendsten Fahrer in der WM. Doch 1999 musste sich Burns Tommi Mäkinen geschlagen geben, im Jahr 2000 dem Finnen Marcus Grönholm. Burns feiert zwar vier Siege, zum Verhängnis werden ihm aber einige Ausfälle. Er kommt in Finnland und Italien nach Unfällen und in Griechenland und Neuseeland wegen eines technischen Defekts nicht ins Ziel.
Plan verfehlt. Denn David Richards, der Chef des Prodrive-Teams, engagierte den 29-Jährigen, um ihn zu einem zukünftigen Star aufzubauen. Burns soll in die Fußstapfen von Colin McRae treten. Erfolgreich ist Burns bereits: Seit seinem Karrierestart hat er neun WM-Siege geschafft. Er ist ein guter Schotter-Pilot. Auf Asphalt allerdings kann er das Tempo der Konkurrenz nicht ganz mithalten.
Die Karriere von Richard Burns ist eng mit dem Subaru-Werksteam verbunden. 1994 gelang ihm mit Subaru der Einstieg in die Rallye-WM. Zwischen 1996 und 1998 startete er als Teamkollege von Tommi Mäkinen im Mitsubishi-Werksteam, konnte dort 1998 erstmals eine komplette Saison bestreiten und belegte den sechsten Rang in der WM. Bei seinem Comeback bei Subaru wird er Ende 1999 nur Zweiter, wiederholt das Ergebnis im Jahr 2000. Also wird Burns noch mindestens ein Jahr auf seinen ersten Titel warten müssen…

2. Platz

Carlos Sainz

ist der Pechvogel der Rallye-WM. Der Spanier verlor 1998 den fast sicheren WM-Titel auf den letzten Metern. Damals – Sainz fuhr einen Toyota Corolla – platzte der Motor in Sichtweite des Ziels letzten Wertungsprüfung. In der Saison 2000 ist „El Matador" nicht glücklicher: Beim Taktieren um eine gute Startposition bei der Australien-Rallye unterläuft ihm ein folgenschwerer Fehler. Wieder mal ist er aus dem WM-Rennen. Mit 23 Siegen ist Sainz einer der erfolgreichsten Piloten der WM-Geschichte. Sainz, bereits seit 13 Jahren Profi, wurde 1990 und 1992 Weltmeister. Seine Karriere ist eng mit dem Toyota-Werksteam verknüpft. Mit Toyota wurde er zweimal Weltmeister. Nach den Stationen Lancia, Subaru und Ford kehrte „El Matador" 1998 zu Toyota zurück. Auch für das Jahr 2000 hatte Sainz ursprünglich noch einen Vertrag. Nach dem Rückzug des Toyota-Teams wechselte Sainz allerdings zu Saisonbeginn 2000 zu Ford.
Der inzwischen 37-jährige Spanier trifft dort auf seinen starken Teamkollegen Colin McRae. Während McRae oft alles auf eine Karte setzt, besticht Carlos Sainz vor allem durch konstante Leistungen. Er fährt in der Saison 2000 siebenmal aufs Podium. Er gilt auch als guter Sportler. Bevor er seine Rallye-Karriere begann, hatte er ein Angebot als Profi-Fußballer und war spanischer Squash-Champion.

3. Platz

Colin McRae

erfüllt die in ihn gesetzten Hoffnungen nur teilweise: Dem schnellen Schotten gelingen zwei Siege in Spanien und Griechenland. Doch das Hauptziel seines Arbeitgebers Ford, nämlich den Titel in der Rallye-Weltmeisterschaft, schafft der 32-Jährige nicht.
Seit 1999 fährt McRae für Ford. Zu Saisonbeginn 1999 wechselt er für eine Rekordsumme von seinem langjährigen Arbeitgeber Subaru zu Ford, um dort das neue Ford Focus World Rally Car weiterzuentwickeln.
Doch die erste Saison bei den Briten verläuft frustrierend. McRae hat eine Serien von Ausfällen. Erst bei der Spanien-Rallye 2000 knüpft er an seine früheren Erfolge an. Schließlich gilt der Weltmeister des Jahres 1995 als einer der stärksten und talentiertesten Fahrer, besonders auf Schotter, wo er die meisten seiner bislang 20 WM-Siege erzielte.
Bei der Korsika-Rallye leistet sich McRae einen verhängnisvollen Fehler: Er kracht nach einem Crash einen Abhang herunter. Zwar sitzt McRae zwei Wochen später trotz Lungenprellungen und einen gebrochenen Wangenknochen wieder im Auto, doch der Schotte ist stark geschwächt, muss nachts unter einem Sauerstoffzelt schlafen. Ein Motorschaden in Australien vernichtet die letzten Titelchancen. Bei der Rallye Großbritannien beendet er die Saison mit einem Crash – in Führung liegend.

4. Platz

Tommi Mäkinen

dominierte vier Jahre lang die Rallye-Weltmeisterschaft nach Belieben. Die Saison 2000 ist seine erste, in der er nicht bis zuletzt Chancen auf den WM-Titel hat. Der Grund für die Formschwäche des starken Finnen: Der Mitsubishi Lancer ist technisch ausgereizt. Mäkinen muss oft ans Limit und darüber hinaus gehen, um das Tempo der Konkurrenz mithalten zu können.

Nur ein Sieg bei der Rallye Monte Carlo geht auf Mäkinens Konto. „Wir haben bei der Weiterentwicklung des Mitsubishi einige Fehler gemacht und sind in die falsche Richtung gegangen", erklärt er. „Deshalb haben wir viel Zeit verloren." Mäkinen, der mit seiner Familie in der mittelfinnische Stadt Jyväskylä lebt, gelingt erst bei der Australien-Rallye wieder der Anschluss an die Spitze. Bitter für ihn: Wegen eines nicht homologierten Turboladers verliert er den Sieg.

Tommi Mäkinens Karriere ist eng mit dem Mitsubishi-Werksteam verbunden. Mitsubishi-Teamchef Andrew Cowan gab dem Finnen vor Jahren die erste Chance in der WM. Jetzt revanchiert sich Mäkinen: Zu Saisonbeginn 2000 unterschreibt er einen weiteren Zwei-Jahres-Vertrag für Mitsubishi.

„Mitsubishi ist ein Sieger-Team und ich will ein Teil davon bleiben", meint er. In der Saison 2001 will der Finne wieder angreifen: Dann setzt Mitsubishi erstmals ein World Rally Car ein.

5. Platz

François Delecour

ist seit langer Zeit dem Peugeot-Werksteam eng verbunden. Zwischen 1996 und 1998 pilotierte er einen frontangetriebenen Peugeot 306 in der Französischen Meisterschaft und bei ausgewählten WM-Rallyes. Die Verbindung zu Peugeot reicht allerdings weiter zurück: Bereits in den 80er Jahren war Delecour in Frankreich erfolgreich im Peugeot-Markenpokal unterwegs.

1991 feierte Delecour mit Ford sein WM-Debüt. Seine beste Saison: 1993 triumphierte er am Steuer eines Ford Escort Cosworth in Portugal, Spanien und Korsika. 1994 galt er als heißer Favorit auf dem WM-Titel, bis ein schwerer Autounfall für einen Karriere-Knick sorgte. Nach einer viermonatigen Pause saß Delecour zwar wieder im Rallye-Cockpit, konnte aber nicht an seine alten Erfolge anknüpfen. Nach einem weiteren Jahr bei Ford wechselte er zu Peugeot. Seit dem Debüt des neuen Peugeot 206 WRC ist Delecour bei fast allen WM-Rallyes am Start.

Der inzwischen 38-Jährige durchlebt im Jahr 2000 eine Saison mit vielen Tiefen und technischen Pannen. Häufig ist er vom Pech verfolgt. Bei der Neuseeland-Rallye führt er, bis er durch einen technischen Defekt ausscheidet. Die Höhepunkte: Delecour feiert bei den beiden Asphalt-Rallyes auf Korsika und in San Remo zwei zweite Plätze. Beide Male muss er sich seinem Teamkollegen Gilles Panizzi geschlagen geben.

6. Platz

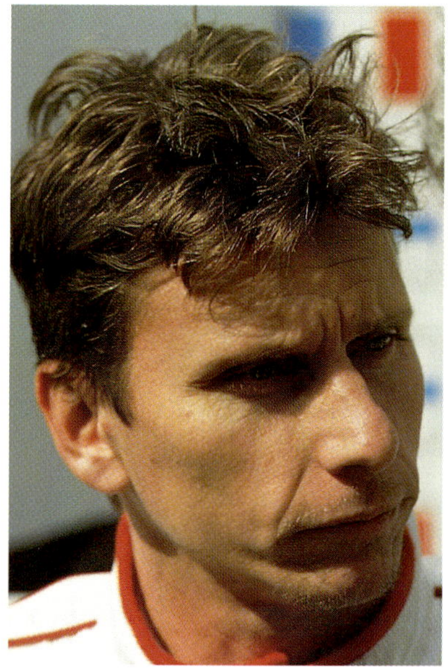

Gilles Panizzi

ist eine der eigenwilligsten Figuren in der Rallye-Weltmeisterschaft. Der 35-jährige Franzose, Maurer von Beruf, platzt während der Rallyes fast vor Anspannung und Ehrgeiz. Gemeinsam mit Bruder und Beifahrer Hervé Panizzi bildet er eine explosive Mischung.

Seine Stärken: Gilles Panizzi ist einer der schnellsten Piloten auf Asphalt. Mit einem frontangetriebenen Peugeot 306 Maxi gelangen ihm in der Saison 1998 gute Platzierungen in Spanien und auf Korsika. Auch mit dem neuen Peugeot 206 WRC ist Panizzi auf Asphalt sehr schnell, was er durch seine zwei souveränen Siege auf Korsika und in San Remo eindrucksvoll demonstriert. Diese beiden Siege sind zudem die bisherigen Höhepunkte seiner Karriere. Denn Panizzi, seit 1988 im Rallyesport aktiv, ist zuvor fast ausschließlich in der Französischen Rallye-Meisterschaft gefahren. Dort gewann er 1996 und 1997 mit Peugeot den Titel.

Seine Schwächen: Panizzi hat kaum Erfahrung auf Schotter. Und er ist sehr aufbrausend und jähzornig. Nach einer Schlägerei bei der Safari-Rallye muss Panizzi einige Monate pausieren, bevor er bei der Rallye Korsika erstmals wieder zum Einsatz kommt. Er revanchiert sich bei seinem Arbeitgeber mit einem Sieg für die neue Chance. Den Rest der WM-Saison darf der Franzose mit einem dritten Peugeot 206 WRC bestreiten – und glänzt in Großbritannien erstmals auch auf Schotter.

7. Platz

POWER IS NOTHING WITHOUT CONTROL.
www.pirelli.de
PIRELLI WINTER REIFEN
SNOWSPORT
DIREZIONALE
WINTERREIFEN VON PIRELLI BIETEN SICHERHEIT UND KOMFORT - SELBST UNTER HÄRTESTEN BEDINGUNGEN. DIESE STARKE LEISTUNG WURDE VON FÜHRENDEN AUTOMOBILZEITSCHRIFTEN BIS AN DIE GRENZEN GETESTET UND MIT HOHEN AUSZEICHNUNGEN BELOHNT.
PIRELLI
…ESTET UND EMPFOHLEN VON:
… Bild: Heft 43/99, Snowsport, 205/55 R 16 H • Sport Auto: Heft 12/99, Snowsport, 225/45 R 17 • mot: Heft 23/99, Snowsport, 195/65 R 15 T/H sowie Hef…
…99, Direzionale (T), 185/65 R 14T/H • AutoZeitung: Heft 23/99, Snowsport, 205/55 R 16 H • ralley racing: Heft 11/99, Snowsport, 195/65 R 15 …
… motor sport: Heft 21/99, Direzionale (T), 185/65 R 14 T sowie Heft 24/99, Snowsport, 225/60 R 16 H Auto: Heft 23/99, Direzionale (T), 195/65 R 15…
…: Heft 10/99, Snowsport, 205/60R 15 H • ADACmotorwelt: Heft 10/99, Snowsport, 205/60 R 15 H sowie Heft 10/99, Direzionale (T), 185/60 R 14…

Links und oben: Durchgestartet – Henrik Lundgaard ist der Überraschungsmann in der Rallye-EM. Der Däne holt souverän den Titel. Rechts: Auslandserfahren – Isolde Holderied sammelt ebenfalls mit einem Grifone-Toyota Corolla Punkte

Europameisterschaft

Danish Dynamite

„Henrik Lundgaard? Nie gehört!“ So geht es zu Saisonbeginn vielen Rallye-Fans und sogar Insidern. Doch der 31-jährige Kfz-Mechaniker aus Dänemark sprengt in der Rallye-Europameisterschaft überraschend die Pläne und Träume der Konkurrenz.

Als Bruno Thiry zu Saisonbeginn 2000 einen Vertrag bei Citroën für die Rallye-Europameisterschaft unterschreibt, zweifelt kaum jemand daran, dass der Belgier neuer Champion wird. Der 38 Jahre alte Ex-Subaru-Werkspilot ist Asphaltspezialist. Und weil auch der frontgetriebene Citroën Xsara auf festem Untergrund besonders stark ist, planen die Franzosen nur Einsätze auf diesem Terrain. Dass diese Taktik aufgehen könnte, haben die beiden WM-Siege des Citroën Xsara in der Saison 1999 in Spanien und auf Korsika bewiesen, wo die Franzosen die versammelte Allrad-Konkurrenz düpierten.

„Citroën ist ein professionelles Team, ich fühle mich in der Mannschaft richtig wohl“, freut sich Thiry nach einem zweiten Rang beim Saisonauftakt auf Gran Canaria. Kein Wunder: Service und Ausstattung des Teams – das parallel ein Allrad-World Rally Car für die Saison 2001 entwickelt – haben WM-Niveau. Eigentlich eine Garantie für den Erfolg...

Dann kommt alles anders: Erst zum zweiten Lauf steigt der Däne Henrik Lundgaard mit einem Toyota Corolla in das höchste europäische Championat ein. Und der No-Name aus dem Norden macht sehr bald Schlagzeilen. Nur einmal, bei der Albena-Rallye in Bulgarien, muss sich der 31-jährige mehrfache Staatsmeister aus Dänemark dem Favoriten Thiry geschlagen geben. Danach feiert Henrik Lundgaard fünf souveräne EM-Siege. Bereits drei Rallyes vor Saisonende hat er den Titel sicher. Zur Belohnung gönnt er sich einen WM-Einsatz in San Remo.

Durch den Frontantrieb ist der Xsara der Toyota-Konkurrenz vor allem auf nassen und rutschigen Strecken unterlegen. „Wir verlieren beim Beschleunigen Zeit“, klagt Bruno Thiry sowohl in Ypern als auch bei der Deutschland-Rallye.

Rechts: Ein echtes Werksteam – Citroën setzt für den Belgier Bruno Thiry ein Xsara Kitcar ein

Die Stärke des 31-jährigen Lundgaard sind aber nicht nur die vier angetriebenen Räder seines Toyota Corolla. Er leistet sich keine Fehler und hat keine technischen Probleme. Der Strahlemann aus dem Norden setzt sich regelmäßig gegen einheimische starke Allrad-Fahrer durch. Bei der Deutschland-Rallye verweist Lundgaard sogar Armin Kremer und Matthias Kahle auf die Plätze.
Er schlägt den polnischen Meister Janusz Kulig in dessen Heimat. „Auf den bekannten Prüfungen war Kulig schneller, auf den neuen, die erstmals gefahren wurden, waren wir besser", analysiert Lundgaards Beifahrer Jens-Christian Anker. Und auf den Asphalt-Strecken der Madeira-Rallye

muss er sich nur dem Italiener Piero Liatti geschlagen geben.
Auch die Deutsche Isolde Holderied hat gegen ihren ultraschnellen Teamkollegen Lundgaard keine Chance. Die Toyota-Pilotin muss zu Saisonbeginn nach einem Getriebeschaden in Bulgarien und einem Reifenschaden in Polen zwei Nullrunden hinnehmen, dadurch fällt die 33-jährige in der EM-Tabelle weit zurück. Danach steigert sie sich von Rallye zu Rallye. „Besonders gut hat mir die Halkidikis-Rallye in Griechenland gefallen", berichtet sie. „Es war meine erste echte Schotter-Rallye seit längerer Zeit."
„Isi" fühlt sich in der Rallye-EM richtig wohl. „Die Rallyes sind spannend und hart umkämpft", erklärt die Deutsche. Rang vier bei der Hunsrück-Rallye und in Antibes sowie Platz drei bei der Rallye Piancavallo in Italien sind ihre persönlichen Saisonbestmarken. In der EM-Tabelle landet Holderied am Ende unter den Top 5.
Nicht nur die Resultate lassen die Toyota-Pilotin strahlen: „Einige Rallyes haben sehr schöne Strecken. Polen zum Beispiel. Dort gibt es Passagen, wo man mit 200 km/h durch den Wald pfeift. Einfach phantastisch." Auch die Fans haben es Isolde angetan. „An einigen Stellen fühlte man sich wie in der Weltmeisterschaft, es gab unglaublich viele Zuschauer. Es macht viel Spaß, in Polen oder Bulgarien zu fahren." Die Sympathie beruht auf Gegenseitigkeit: Überall wird Holderied angefeuert. Und in Polen sprühen begeisterte Fans sogar „Isolde, we love you" auf den Asphalt. ■

Europameisterschaft

Oben: Schampus-Dusche – Henrik Lundgaard fährt in der EM von Sieg zu Sieg. Links: Unterlegen – Bruno Thiry kann mit seinem Fronttriebler Lundgaards Tempo nicht mitgehen

Oben: Punkte gesammelt – der Toyota-Pilot Rocco Theunissen feiert gute Platzierungen. Rechts: Ohne Glück – Bruno Thiry

Links: Geschafft – mit drei Siegen holen sich Matthias Kahle und Beifahrer Dieter Schneppenheim den Titel. Unten: Farben-froh – zum Finale lässt sich Kahle die Haare Seat-gelb färben

Rechts: Gelb-Phase – bei einigen Rallyes darf Nachwuchs-Pilot Martin Möckl ein Seat Ibiza Kitcar fahren

Rechts: Blinder Passagier – das Maskottchen ist immer an Bord von Kahles Cordoba WRC (großes Foto)

Deutsche Meisterschaft

Die K&K-Monarchie

BILSTEIN
Castrol
2

Oben: Harte Nuss – Sven Haaf ist mit seinem Mitsubishi in der Gruppe N schnell. Rechts: „Chez Möhrchen“ – Mitsubishi-Koch Christian Mohr verwöhnt Gäste und Team-Mitglieder

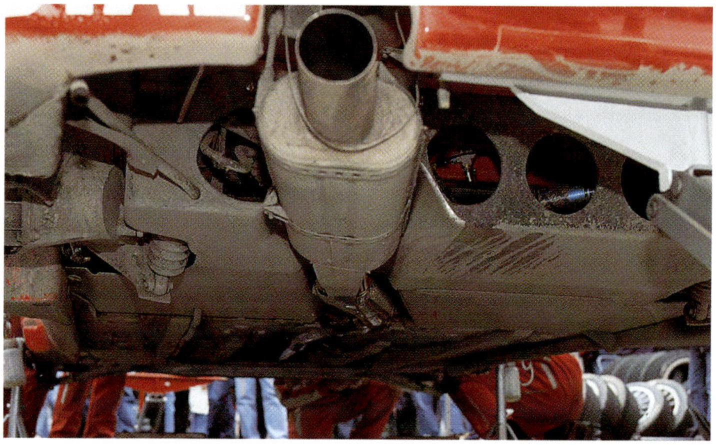

Rechts: Konzentriert – Sven Haaf. Sein Mitsubishi wehrt sich mit dicken Schutzblechen gegen Steinschlag (Foto darüber)

Deutsche Meisterschaft

Links: Frauen-Power – die Copilotinnen Nicole Weiss und Tanja Geilhausen.
Unten: Neuling – Niko Schneider kommt aus dem Junior-Cup und fährt Peugeot

Links: Starke Show – Armin Kremer lässt seinen Subaru richtig fliegen

Oben: Ihn gilt es zu schlagen – der dreifache Champion Armin Kremer. Rechts: Erfahrene Truppe – Kremers Subaru wird vom Holzer-Team vorbereitet

Rechts: Niki Schelle und Copilotin Ilka Petrasko sind mit einem Opel Astra Kitcar (Foto darüber) unterwegs. Unten: Momente, an die man sich nicht gern erinnert – Niki Schelle parkt bei der Oberland-Rallye mit einem Motorschaden

Seite gewechselt – Ruben Zeltner war früher Copilot. Seine DM-Saison im Proton ist die erste als Fahrer

Oben und oben rechts: Privat-Sache – Renault-Pilot Carsten Mohe muss ohne Werks-Unterstützung auskommen. Rechts: Rallye-Fossil – der Toyota Celica von Uwe Geipel hat schon einige Jahr auf dem Buckel

Deutsche Meisterschaft

In der Saison 1998 kämpften Matthias Kahle und Armin Kremer bis auf dem letzten Meter um den Titel. Am Ende fiel die Entscheidung um hauchdünne vier Sekunden zugunsten von Kremer. Im Jahr 2000 treffen beide wieder aufeinander. Armin Kremer noch immer am Steuer eines Subaru, Matthias Kahle in seiner ersten Saison mit einem Werks-Seat. Ein spannendes Duell ist vorprogrammiert.

Kahle und Kremer, die K+K-Monarchie, sind die beiden einzigen Fahrer mit World Rally Cars. Technisch sind beide Fahrzeuge ungefähr gleich stark. Kremers Subaru ist zwar älter, doch das Holzer-Team hat viel Erfahrung mit dem Auto. Kahles Seat, der vom Team von Erwin Weber vorbereitet wird, ist neu und fast auf Werksniveau, hat aber noch Kinderkrankheiten.

„Vielleicht nutzt ein anderer Fahrer unseren Zweikampf und schnappt uns den Titel weg", befürchtet Kremer zu Saisonbeginn. Theoretisch möglich macht es das Reglement, das nicht nur Erfolge im Gesamtklassement belohnt, sondern auch Punkte in vier Divisionen verteilt. Und in den kleinen Klassen sind viele starke und hoch motivierte Fahrer unterwegs. Insgesamt sind sieben Hersteller in der Meisterschaft vertreten: neben Subaru und Seat auch Opel, Skoda, Fiat, Mitsubishi und Proton. Trotzdem ist der Kampf um den Titel ein Fall für zwei, Kahle und Kremer. Beide haben Glück und beide haben Pech. Wie beim Saisonauftakt in Berlin. Für Armin Kremer ist die Rallye schon früh zu Ende, weil er in einem Rundkurs falsch abbiegt. „Mein Beifahrer hat rechts gesagt, aber ich bin links gefahren", kommentiert er seinen Patzer, der eine Disqualifikation zur Folge hat. In dieser Extremsituation stellen Kremer und Beifahrer Fred Berßen fest, dass sie sich auseinander gelebt haben. Bereits beim nächsten Lauf sitzt Klaus Wicha auf dem heißen Sitz. Die maximalen Punkte bei der Rallye Berlin-Brandenburg sind für Matthias Kahle wie ein Geschenk – schließlich feiert er seinen 31. Geburtstag. Bei der Oberland-Rallye wendet sich das Blatt: Dieses Mal fährt Armin Kremer souverän zum Sieg, wie in Berlin belegt Mitsubishi-Junior Sven Haaf den zweiten Rang. Matthias Kahle wird von Problemen geplagt. Zu Beginn der Rallye schert die Kardanwelle ab. „So weit hinten bin ich noch nie gefahren", ärgert er sich, gibt aber nicht auf. „Wir versuchen, noch ein paar Punkte in unserer Division mitzunehmen." Keine leichte Aufgabe, denn am Ende streikt noch das Getriebe. „Die acht Punkte haben unsere Techniker geholt", strahlt Kahle im Ziel.

Erst beim dritten Einsatz, der Pneumant-Rallye, kommt es zum direkten K&K-Duell: Auf den harten Schotterstrecken rund um die Lutherstadt Wittenberg macht Kahle das Rennen. Vor dem Ziel muss er aber noch zittern: Die Kupplung streikt. Mit Hil-

Oben und links: Hier fährt der Chef – Hermann Gaßner siegt in der Gruppe N und arbeitet als Teamchef

Links: Zuverlässig – Andy Mansfeld siegt mit seinem Honda Integra in der kleinen Gruppe-N-Division

Tschechen-Power – Skoda setzt in der Rallye-DM zwei Skoda Octavia Kitcar ein. Eines für Uwe Forkert (Foto) und eines für Matthias Köhler

Oben: Pech gehabt – Ex-Rallycross-Meister Jan Becker erlebt eine Saison zum Abhaken

Deutsche Meisterschaft

Links: Publikums-Lieblinge – Wolfgang Müller und sein Fiat Punto Kitcar haben viele Freunde

Oben: Ausgequetscht – Sandro Wallenwein holt aus seinem betagten Mitsubishi viel heraus.
Links: Familien-Bande – Sandro und Vater Thomas Wallenwein

Unten: Rat geholt – Nachwuchs-Copilotin Birgit Enste im Gespräch mit ihrem erfahrenen Kollegen Thomas Zeltner

…en und links: Astra, was …egen? Dem Werbespruch …er Biermarke folgend, ist …f Dobberkau mit seinem …el in der Gruppe N bis zwei …r Hubraum der Fahrer, … es zu schlagen gilt

fe seines Teams, das vorsorglich alle Kreuzungen bis zur Zielrampe frei hält, schafft Kahle den Erfolg. Ein umstrittener Sieg, denn das Subaru-Team legt gegen das Ergebnis Berufung ein. Grund: Kremer ist unterwegs auf ein Vorausfahrzeug aufgelaufen und hat wichtige Sekunden verloren. Später wird die Subaru-Berufung abgelehnt – wegen eines Formfehlers. Der Anwalt des Teams hat vergessen, die Mehrwertsteuer zusammen mit der Berufungsgebühr zu überweisen.

Bei der Castrol-Rallye in Thüringen siegt wieder Armin Kremer. Dieses Mal hat Kahle Pech, ein Lenkhebel löst sich. Kahle bekommt einen Reifenschaden, kann das Rad nicht wechseln und rollt auf der Felge in den Service. Der Seat-Pilot wird am Ende noch Dritter.

Bei der Deutschland-Rallye stiehlt ein Gast den beiden Titelkämpfern die Show – und Punkte. Der Däne Henrik Lundgaard siegt mit einem Toyota. Hinter ihm wird Matthias Kahle Zweiter. Bei Armin Kremer streikt die Benzinpumpe. Der Subaru-Pilot repariert auf der Strecke, fällt aber auf den 51. Platz zurück. Dann startet er eine verzweifelte Aufholjagd und wird am Ende noch Fünfter. Toyota-Werkspilotin Isolde Holderied, die ein EM-Programm absolviert, wird bei ihrem Gastspiel in der Heimat Vierte.

Bei der Hunsrück-Rallye feiert Matthias Kahle Sieg Nummer drei. Armin Kremer kassiert durch einen Reifenschaden drei Minuten.

Mit einem Sieg bei der Saarland-Rallye hätte sich Kahle vorzeitig den Titel sichern können. Doch seine Nerven spielen nicht mit: Ein Ausrutscher kostet drei Minuten. Gegner Kremer siegt mit elf Bestzeiten in 14 Wertungsprüfungen, damit wird der Titelkampf auf die 3-Städte-Rallye vertagt.

„Wir fahren hier um den Sieg und den Titel", verkündet Subaru-Mann Armin Kremer beim Finale. Ein sichtlich nervöser Matthias Kahle braucht nur den zweiten Rang für den Titel. Kahle, in Bayern mit Seat-gelben Haaren am Start, duelliert sich mit dem starken Schweden Mats Jonsson im Ford Escort. Als der Nordmann ausscheidet, atmet Kahle auf und fährt mit Rang zwei zum Titel. „Wir mussten zwar nur Zweite werden, aber der psychische Druck war groß. Ich bin froh, dass es so ausgegangen ist."

Gute Fights bietet die Rallye-DM auch in den anderen Klassen. In der seriennahen Gruppe N wird der Zweikampf zwischen Mitsubishi-Junior Sven Haaf und Proton-Profi Hermann Gaßner fortgesetzt. Beide Fahrer sind Kfz-Meister von Beruf. Damit haben sich die Gemeinsamkeiten aber erschöpft. Haaf ist extrovertiert, Gaßner eher still. Während sich Haaf auf seine Fahrer-Karriere konzentriert, ist Gaßner außerdem auch Teamchef. Bis zu sieben Gaßner-Proton sind bei einigen DM-Rallyes im Einsatz.

Rechts: Alter Bekannter – Matthias Moosleitner fährt einige DM-Läufe. Unten: Im Skoda unterwegs – Matthias Köhler

Rechts: Comeback – Andy Wetzelsperger am Steuer eines Gaßner-Proton. Unten: Zweit-Job – Isolde Holderied als TV-Moderatorin

Oben: Inkognito – Ex-Champion Dieter Depping kehrt mit einem VW Golf in die DM zurück und nennt sich „Rudolf D." Rechts: Fahrer-Besprechung – die Piloten in einer Pause

Deutsche Meisterschaft

Bei den Rallyes Berlin-Brandenburg und Oberland siegt der 28-jährige Schwabe in der Gruppe N und führt sogar zwischendurch die Gesamt-Tabelle an. Bei der Pneumant-Rallye setzt sich der 41-jährige Gaßner durch. Sven Haaf leistet sich einen Fehler. Er kommt auf einem Übergang von Asphalt auf Schotter von der Strecke ab und landet in einem Vorgarten. Bei der Castrol-Rallye siegt Gaßner wieder. Sein Vorsprung: acht Sekunden. Haaf ist enttäuscht: „Ich habe sieben von zehn Bestzeiten geholt, aber es hat nicht gereicht." Haaf tröstet sich mit einem Gruppe N-Sieg bei der Deutschland-Rallye, wo Hermann Gaßner durch einen Reifenschaden und einen Stempelfehler Zeit einbüßt. Bei der Hunsrück-Rallye fällt Haaf mit einem Kupplungsdefekt aus, wieder siegt Gaßner. Bei der Saarland-Rallye ist Haaf wieder vorne.

Beim Saisonfinale sichert sich Hermann Gaßner mit einem dritten Rang in der Gruppe N den Titel als bester Fahrer der seriennahen Klasse. Sven Haaf erlebt eine Rallye mit Dramen. Er tappt in eine Radarfalle der Polizei, dann funktioniert das Fernlicht nicht. Und das ausgerechnet bei einer der seltenen Gelegenheiten, bei denen in der DM nachts gefahren wird. Am nächsten Tag startet Haaf eine Aufholjagd – doch kurz vor dem Ziel legt er seinen Mitsubishi auf die Seite. „Bis die Zuschauer uns wieder aufgerichtet hatten, war der Gruppe N-Sieg weg", kommentiert er.

Eine One-Man-Show ist die Zweiliter-Klasse. Dort feiert Opel-Pilot Niki Schelle sechs Siege. Schelle gewinnt zudem durch seine spektakuläre Fahrweise viele Freunde. Bei der Castrol-Rallye in Thüringen peilt er sogar einen Gesamtsieg an. Auf Asphalt kann sein Opel Astra Kitcar durch 230 Kilo weniger Gewicht den PS- und Traktions-Vorteil der Allrad-Konkurrenz wettmachen. Aber Schelles Pläne gehen nicht auf. Er verpokert sich in der Reifenwahl, zudem sind die World Rally Cars schneller als erwartet. Schelle wird Zweiter. Die anderen Kitcars können das Tempo des Bayern nicht mitgehen. Renault-Pilot Carsten Mohe muss ohne Werksunterstützung auskommen. Die beiden Skoda Octavia Kitcar von Uwe Forkert und Matthias Köhler sind schwerer als der Astra. Und das neue Fiat Punto Kitcar von Wolfgang Müller ist durch einen 1,6-Liter-Motor der Zweiliter-Konkurrenz unterlegen.

Auch die Fahrer der „kleinen Gruppe N" sammeln DM-Punkte. Das Maß der Dinge ist hier Opel-Pilot Olaf Dobberkau. Fünfmal gewinnt der Fahrlehrer aus Thüringen die Tageswertung, doch Reifenschäden und defekte Antriebswellen kosten Punkte. Deshalb ist am Ende Honda-Motorsport-Koordinator Andreas Mansfeld mit „nur" drei Tagessiegen in der Tabelle vorne. Das Geheimnis seines Erfolges: Er kommt öfter ins Ziel als Dobberkau. ■

Rechts: Starker Auftritt – Matthias Kahle schlägt bei der 3-Städte-Rallye 1999 sogar Armin Schwarz. Unten: Stets still und freundlich – Matthias Kahle „live“

Der Durchbruch – seit 1996 ist er einer der schnellsten deutschen Rallyepiloten

Der Deutsche Meister

Der coole Kahle

Links: Das erste Werksauto – Matthias Kahle und Co Dieter Schneppenheim mit ihrem Toyota vor der Pneumant-Rallye 1996

Knapp vorbei – 1998 muss Kahle den Titel abgeben

Als Freunde und Teammitglieder Matthias Kahle nach der letzten Wertungsprüfung der Saison 2000 gratulieren wollen, winkt der ab: „Ich muss noch über die Zielrampe fahren, wer weiß, ob mein Auto die Dusche überstanden hat." Denn die Mechaniker haben Kahles Seat nach der letzten Prüfung mit Champagner übergossen...

Matthias Kahle ist ein Pessimist. Für ihn ist das Punktekonto nie halb voll, sondern immer halb leer. Er ist auch kein Mann der großen Worte – der 31-Jährige mag keine großen Sprüche und keine Schlagzeilen. Da mutet es schon fast wie eine Revolution an, als er mit blond gefärbten Haaren zum Saisonfinale nach Straubing reist. „Das ist kein Blond, sondern Seat-Gelb", behauptett er augenzwinkernd.

Kahle hat einen Hang zum Understatement. „Dann muss ich eben wieder Bagger fahren", erklärt er einmal, als noch nicht feststeht, wie seine Karriere weitergeht. Der gelernte Maschinen- und Anlagen-Monteur steuert vor seinem Einstieg ins professionelle Rallyegeschäft in der Tat einen Bagger – einen High-Tech-Riesen im Braunkohle-Tagebau.

Im Rallyesport ist Matthias Kahle ein Spätstarter. Er kurvt Anfang der 90er Jahre mit einem alten Trabant durch die Wälder. Erst 1993 bestreitet er seine erste Rallye, er startet mit einem Peugeot 205 bei der Pneumant-Rallye.

Aus einer von Armin Schwarz initiierten Talentsuche geht der Mann aus dem Osten zwei Jahre später als Überraschungssieger hervor. Die Belohnung: Ein Einsatz mit einem Toyota Celica GT-four bei der „Pneumant". Bei der harten Schotter-Rallye rund um die Lutherstadt Wittenberg schafft der junge Mann aus Görlitz den großen Durchbruch. Bereits auf der ersten Prüfung trumpft Kahle so auf, dass die Konkurrenten an einen Fehler der Zeitnahme glauben. Denn Kahle schafft die Bestzeit.

Seit damals sitzt der erfahrene Copilot Dieter Schneppenheim auf dem Beifahrersitz. Und seit der „Pneumant" 1996 geht es steil bergauf. Bereits ein Jahr später sichert sich Kahle zum ersten Mal den Titel in der Deutschen Meisterschaft.

1998 muss er sich ganz knapp seinem Dauerrivalen Armin Kremer geschlagen geben. Um nur vier Sekunden verliert er bei der letzten Rallye das Titel-Duell.

1999 schafft Kahle sein internationales Debüt und bestreitet für Toyota einige WM-Rallyes. Sein bestes Ergebnis: Rang sieben in Neuseeland. „So viele neue Eindrücke", staunt der Deutsche, der zudem für die beiden damaligen Toyota-Werkspiloten Carlos Sainz und Didier Auriol testen darf. Zum Saisonende gibt er in Deutschland ein Gastspiel bei der 3-Städte-Rallye. Und siegt vor Armin Schwarz.

In der Saison 2000 ist Kahle zurück in der Deutschen Meisterschaft. Noch immer lebt er mit Freundin Simone in Görlitz, der Stadt, in der er aufgewachsen ist. Dort verbringt er seine Freizeit, fährt mit dem Motorrad durch die Lausitz, fotografiert oder hört Musik. Nur das Sportgerät hat sich geändert: Zu Saisonbeginn 2000 wechselt Kahle zu Seat. Mit einem von Erwin Weber eingesetzten Cordoba WRC liefert er sich erneut ein heißes Duell mit Armin Kremer.

Dieses Mal behält Kahle die Oberhand und revanchiert sich für die Niederlage von 1998. Und wie es seine Art ist, fühlt er mit seinem Freund und Gegner: „Leider kann es nur einen Meister geben. Armin und ich waren dieses Jahr sehr gleichwertig, wir haben uns einen guten Kampf geliefert." ■

Der Deutsche Meister ...und seine Verfolger

Mit dem neuen Deutschen Meister Matthias Kahle hat sein härtester Verfolger Armin Kremer einiges gemeinsam: Beide stammen aus dem Osten Deutschlands. Wie Kahle ist auch Kremer 31 Jahre alt. Der Groß- und Außenhandelskaufmann begann 1990 mit dem Rallyefahren – in einem Trabant. Über den ADAC Rallye Junior Cup schafft er den Einstieg in die Rallye-DM. Kremer holt 1996 den Titel mit einem seriennahen Mitsubishi. 1998 und 1999 wiederholt er den Erfolg mit einem Subaru. Die Saison 2000 beendet er als Vizemeister.

Hermann Gaßner, mit einem Proton der Drittplatzierte der Rallye-DM und schnellster Gruppe N-Fahrer, ist einer der Routiniers. Ganz nebenher sichert sich der Bayer den Gruppe N-Titel in Österreich. Der Kfz-Meister engagiert sich auch als Teamchef, wo er seine Kenntnisse und Erfahrungen aus über zwei Jahrzehnten Rallyesport einfließen lässt. Der 41-jährige Deutsche Meister des Jahres 1995 ist zudem im Rallye-Cockpit seit Jahren derjenige, an dem sich junge Gruppe N-Fahrer messen lassen müssen.

Wie zum Beispiel der Meisterschaftsvierte, Sven Haaf. Erst 27 Jahre alt, gilt der Kfz-Meister als eine der großen Hoffnungen im deutschen Rallyesport. Die Saison 2000 ist Haafs drittes Jahr mit einem Gruppe N-Mitsubishi. Davor gewann er den ADAC Rallye Junior Cup.

Der 34-jährige Niki Schelle dominiert die Zweiliter-Klasse. Mit sechs von acht Siegen lässt der Bayer der Konkurrenz keine Chance. Schelle, der mit der österreichischen Beifahrerin Ilka Petrasko antritt, hat viel Erfahrung im Motorsport. Nach dem Einstieg 1981 als Beifahrer wechselt er bald auf die linke Cockpit-Seite. Seine größten Erfolge: 1993 der Titel in der Fiat Cinquecento Trofeo, Deutscher Vizemeister 1997 mit Mitsubishi und noch einmal 1999 mit Opel.

Keine Jungtalente mehr sind Ruben Zeltner und Uwe Geipel. Zeltner, der ehemalige Beifahrer von Mundl Baumschlager, ist mit einem Proton erfolgreich. Ein Jahr nach seinem Fahrer-Debüt feiert er seinen ersten Gruppe N-Sieg bei der 3-Städte-Rallye. In der DM-Tabelle belegt er den sechsten Rang vor dem Toyota-Händler Uwe Geipel. Mit einem alten Toyota Celica GT-four belegt der 42-Jährige sogar noch dritte Plätze im Gesamtklassement – und hat jede Menge Spaß. ■

Rechts: Kaufmann und Fahrer – Vizemeister Armin Kremer schafft die Doppelbelastung spielend. Unten: Keep smiling – Niki Schelle zeigt im Opel Astra eine starke Show

Rechts: Wie ein Uhrwerk – Hermann Gaßner macht wenig Fehler und gewinnt die Gruppe N-Wertung. Unten: Starkes Team – Mitsubishi-Junior Sven Haaf und Beifahrer Dieter Hawranke

Seat Cupra Cup Die gelbe Serie

Rechts: Gegner abgeduscht – Maik Förster feiert bei der Saarland-Rallye seinen ersten Sieg

Rechts: Vor dem Start – Cup-Autos im Parc fermé. Unten: Unterwegs – Warten an der Zeitkontrolle

Oben: Kämpfen um den Titel – Andreas Gerst und Beifahrer Jan Enderle

Der 27-jährige Marko Dressel und Beifahrerin Uta Baust strahlen bei der Rallye Berlin-Brandenburg um die Wette. „Perfekt", meint Dressel. „Die Saison hat für uns begonnen, wie die alte aufgehört hat – mit einem Sieg." An den Champagner-Geschmack darf sich Dressel, der in der Saison 2000 erstmals mit Copilotin Uta Baust antritt, schnell gewöhnen: Bei vier der sechs Rallyes zum Seat Cupra Cup feiern der Fahr-Instruktor und die Luftverkehrskauffrau souveräne Siege. Bereits eine Rallye vor Saisonende hat das Dream-Team den Titel sicher.

Doch die Konkurrenz ist keineswegs schwach. Chancengleichheit wird im Seat Cupra Cup auch in der dritten Saison groß geschrieben. Die Fahrzeuge mit rund 160 PS Leistung sind nach dem Gruppe N-Reglement aufgebaut. Insgesamt 14 Teilnehmer haben sich für 34.900 Mark einen Rallye-Seat zugelegt und kämpfen um Punkte und ein Preisgeld von 150.000 Mark. Ein Plus für die Aktiven: Fünf der sechs Cup-Rallyes werden im Rahmen der Deutschen Meisterschaft ausgetragen – vor großem Publikum.

Die stärksten Verfolger von Marko Dressel sind Frank Post, Peter Zehetmaier und Andreas Gerst. Beim Saisonauftakt in Berlin trennen nur Sekunden-Bruchteile Post und Gerst. Am Ende liegt Post hauchdünn vorn. „Ich bin trotzdem zufrieden", kommentiert der 26-jährige Student Gerst. „Ich war vorher so nervös, jetzt hat sich gezeigt, dass wir mithalten können."

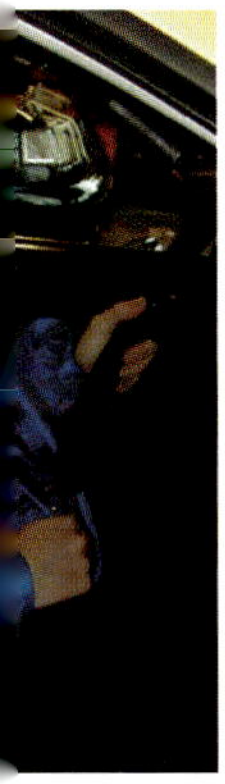

Am Ziel der Träume – Marko Dressel und Uta Baust gewinnen den Cupra Cup

Seat Cupra Cup

Links: Da geht die Post ab – Frank Post im Cupra

Oben rechts: Heck gezeigt – Andreas Gerst glänzt mit zweiten Plätzen. Rechts: We are the Champions – Marko Dressel und Uta Baust

In Action – Axel Richter und Beifahrer Ronald Bauer

Auch bei den folgenden Rallyes kann Gerst das Tempo der Konkurrenz mitgehen. Bei der Vogtland-Rallye, dem zweiten Lauf, wird er Zweiter. Der Sieger: wieder Marko Dressel.

Während die Konkurrenten unter technischen Problemen leiden, hat Dressel fast immer Glück. Außer bei der Castrol-Rallye: Ein spitzer Stein auf einer kurzen Schotter-Passage sorgt für einen Reifenschaden. Dressel und Baust müssen unterwegs wechseln und fallen weit zurück. Der Sieg geht an den 28-jährigen Frank Post, Andreas Gerst wird wieder Zweiter. Die Vorentscheidung um den Titel fällt bei der Deutschland-Rallye. Gerst und Post fallen mit technischen Problemen aus. Der Bayer Peter Zehetmaier, dem nach seinem Unfall im Vorjahr ein gutes Comeback gelingt, rollt mit einer defekten Antriebswelle auf Rang zwei liegend aus. Wieder siegt Dressel.

Bei der Hunsrück-Rallye liegt lange Zeit Andreas Gerst vorn. Dressel fährt eine taktische Rallye, schiebt sich erst in der zehnten von 13 Prüfungen an die Spitze und gewinnt vorzeitig den Titel. Post und Zehetmaier scheiden wieder aus. Doch Andreas Gerst kann sich über Platz zwei nur bedingt freuen. Ohne einen Stempelfehler, der ihm 20 Strafsekunden beschert hat, wäre ihm der Sieg sicher gewesen. Zusätzlich kostet ihn ein Reifenschaden weitere 35 Sekunden. Beim Finale bei der Saarland-Rallye feiert der erst 23-jährige Maik Förster seinen ersten Sieg.

Der neue Champion, Marko Dressel, steckt seine Ziele für die Saison 2001 höher. „Ich denke über ein Programm in der Rallye-DM nach", erklärt er. Sein Erfolgsrezept für die Saison 2000: „Ich habe früher immer zum Ende der Rallye abgebaut, nun habe ich verstärkt Fitness trainiert und meine Ernährung umgestellt. Meine Konzentration ist jetzt besser." Bei der letzten Rallye hat auch Marko Dressel einmal Pech: Brems- und Getriebeprobleme werfen den Champion auf den siebten Rang zurück. Bleibt nur zu hoffen, dass die nächste Saison besser beginnt, als die alte aufgehört hat... ■

Bilstein im Subaru WRC:
Überflieger tragen Gelb. Untendrunter.
Hotline: 0 18 05 - 21 22 47
Auch in der Rallye-Szene lassen die Gelben im Fahrwerk gerne den Staub brennen – wie Richard Burns im Subaru WRC es in dieser spannenden Saison wieder allen gezeigt hat. Mit Fahrwerk-Technologie für die härtesten Pisten der Welt ist Bilstein Partner vieler Teams. Dahinter stehen mehr als 40 Jahre Erfahrung in der Erstausrüstung. Intensive Entwicklungs-Partnerschaft. Und das umfassende, weltweite Motorsport-Engagement als härtestes Testlabor. Das Ergebnis, auch im Motorsportjahr 2000: Punkte, Siege, Meisterschaften.
Sportwagen zum Einbauen.
BILSTEIN®
GASDRUCK STOSS-DÄMPFER
Krupp Bilstein Suspension GmbH
E-Mail: sales@bilstein.de, www.bilstein.de
www.FGK.com

Oben: Akteure – Wiegand, Stölzel, Höhner und die Moufangs (von links). Rechts: Oldtimer – Moufangs Opel

Die zweite *Challenge* Liga

Seit Jahren hat die Rallye-Challenge als zweite Liga ihren festen Platz in der deutschen Motorsport-Szene. Doch anders als der ADAC Rallye Junior Cup oder der Seat Cupra Cup ist dies keine Serie, in der sich junge Talente auf zukünftige Aufgaben vorbereiten. Vielmehr ist die Challenge der Tummelplatz für Fahrer, die zwar den Sport lieben, aber weder das nötige Geld noch die Zeit in ein DM-Engagement investieren wollen. Wie beispielsweise Maik Stölzel: „Mit meinem Ford Escort Cosworth kann ich in der DM nichts reißen, aber in der Chal-lenge um den Gesamtsieg fahren." Der zweite Vorteil: In der Challenge sind auch ältere Fahrzeuge der Gruppe H erlaubt.

Der dominierende Mann ist – wie schon in den Jahren zuvor – Norbert Moufang. Er sammelt mit einem Opel Kadett der Gruppe H regelmäßig Punkte. Und Moufang hat Glück: Er verbucht nur dort Ausfälle, wo die Konkurrenz nicht voll punktet. Zum dritten Mal gewinnt er den Titel.

Ebenfalls mit einem Opel Kadett geht Frank Höhner an den Start. Doch die Technik des betagten Hecktrieblers spielt ihm so manchen Streich. Ein Ausfall beim Finale, der Wartburg-Rallye, lässt Höhner auf Tabellenplatz acht zurückfallen.

Da allerdings die Ergebnisse in den einzelnen Klassen gezählt werden, hat Moufang auch einen unerwarteten Gegner: Michael Loock sammelt mit einem kleinen Citroën Visa ebenfalls ständig Punkte und erweist sich als hartnäckiger Konkurrent. Beide reisen punktgleich zum Saisonfinale. Loock wechselt kurzfristig auf einen Suzuki Swift, wird aber bei der technischen Nachuntersuchung disqualifiziert: Der Suzuki liegt um vier Zentimeter zu tief. Dadurch fällt Loock auf Tabellenplatz vier zurück.

Markus Moufang, Challenge-Sieger von 1997 und 1998, ist in der Saison 2000 selten zu sehen. Der BMW-Pilot lässt die Schotter-Rallyes aus und startet verstärkt im Ausland. Aber mit Bruder Norbert bleibt der Champion ja in der Familie. ■

Oben: Verraucht — Opel-Pilot Frank Höhner ist schnell, leidet aber unter technischen Defekten. Links: Für Siege gut – Maik Stölzel und sein Ford Escort

Oben: Eine starke Truppe – die Fahrer des ADAC Rallye Junior Cup beim Gruppenbild. Rechts: Frau am Steuer – die Sauerländerin Tina Grewe fährt einen Opel Corsa und lässt so manchen männlichen Kollegen alt aussehen

ADAC Junior Cup

Auf Svens Spuren

Vor vier Jahren gewann ein junger blonder Mann den ADAC Rallye Junior Cup. Sein Name: Sven Haaf. Heute ist er Mitsubishi-Werkspilot in der Rallye-DM. Junge Fahrer, die Haaf nacheifern wollen, finden im ADAC Rallye Junior Cup ideale Bedingungen.

Der Cup ist für Piloten bis zu einem Alter von 27 Jahren ausgeschrieben. Zugelassen sind Fahrzeuge bis 130 PS oder bis 1600 ccm Hubraum ohne Allradantrieb oder Turbolader. Auf den Champion warten 50 000 Mark Förderung für eine DM-Saison. Bei den heutigen Preisen ist das keine volle Finanzierung, aber immerhin ein Baustein für ein neues Projekt.

In der Saison 2000 kämpfen insgesamt 17 junge Damen und Herren um Punkte im Cup. Am Ende sichert sich der 24-jährige Dark Liebehenschel den Titel. Der Diplom-Betriebswirt aus Hamm arbeitet im elterlichen Betrieb. Bei den Rallyes sitzt Lebensgefährtin Daniela Busch auf dem heißen Sitz.

Den beiden wird nichts geschenkt. Denn beim Saisonstart in Berlin fällt Dark Liebehenschel mit Getriebeschaden aus. Rico Kämpfner siegt und lässt sich 25 Punkte gutschreiben. Diesem Rückstand fährt Liebehenschel lange hinterher.

Er siegt bei der Oberland-Rallye. Bei der Rallye Vogelsberg wird Liebehenschel glücklicher Dritter. Denn bei Testfahrten ist er einige Tage zuvor gegen eine Leitplanke gekracht. In Windeseile wird sein Auto zwar repariert, doch der Citroën ist noch immer krumm. Wieder siegt der 26-jährige Kfz-Mechaniker Rico Kämpfner, der als Verkäufer in einem VW-Autohaus arbeitet.

Von da ab allerdings siegt Liebehenschel bei jeder Rallye. Fünf von acht Läufen gehen auf sein Konto. Oft fährt er mit seinem seriennahen Citroën Saxo sogar weit im Gesamtklassement nach vorne.

Vor dem Finale bei der 3-Städte-Rallye trennen Kämpfner und Liebehenschel nur drei Punkte. Beide Titelfavoriten haben sich sogar mit Einsätzen bei kleinen Rallyes auf das Endspiel auf Schotter vorbereitet. Auch dieses Mal ist Liebehenschel schneller. Rico Kämpfner fällt mit Motorschaden aus.

Rechts: Noch ein Citroën – Chris Bangert in Action

Unten: Titel geholt – Dark Liebehenschel und Copilotin Daniela Busch im Citroën

Links: Nicht geschafft – Rico Kämpfner muss sich mit Platz zwei begnügen. Unten: Hier fährt der Champion – Liebehenschel im Einsatz

Für Liebehenschel ist es ein verdienter Sieg. Die Saison 2000 ist nämlich erst sein viertes Jahr im Motorsport. 1998 und 1999 gewinnt er in seiner Region im privat organisierten DD-Junior Cup. 1999 belegt er Rang zwei im ADAC Rallye Junior Cup, muss sich nur Niko Schneider geschlagen geben.
Wenn Liebehenschel und Kämpfner in die DM aufsteigen sollten – es stehen schon andere starke Junioren in den Startlöchern. Chris Bangert beispielsweise. Der 22-jährige Fotografie-Student ist der Jüngste im Cup. Der Citroën-Fahrer ist sehr beständig, wird aber durch einen Ausfall auf den vierten Tabellenrang zurückgeworfen.
Der Spätstarter der Saison: Niklas Birr. Der 25-Jährige aus Zossen hat anfangs viel Pech, beklagt zwei Nullrunden wegen eines Getriebeschaden und eines Überschlags. In der zweiten Saisonhälfte sammelt der Student der Wirtschaftsinformatik gute Platzierungen und kämpft sich auf den dritten Platz im Cup vor. Birr, ebenfalls Citroën-Pilot, krönt seine Saison mit einem WM-Einsatz auf Korsika.
Auch andere Junioren machen von sich reden. Ronny Amm beispielsweise bestreitet seine erste komplette Saison und glänzt mit guten Ergebnissen. Ein Exot ist Hans-Erik Frank, der auf Rang sieben mit einem Daewoo Lanos der beste Nicht-Citroën-Fahrer ist. Und Vladan Vasiljevic, der angehende Zahnarzt, ist zwar meist schnell, doch seine Nerven spielen nicht immer mit.
Cooler könnte auch die junge Warsteinerin Tina Grewe werden. Bei schwierigen Bedingungen knallt die 23-jährige Bankkauffrau gute Zeiten auf den Schotter. Doch gelegentlich hat die junge Dame, die einen Opel Corsa an den Start bringt, einige Ausrutscher – und dann Angst vor der eigenen Courage.
Das Gesamtergebnis ist positiv, Sven Haaf sollte sich schon einmal warm anziehen. Er hat den Weg vorgegeben. Einige starke Junioren sind ihm bereits auf der Spur. ■

Links und unten: Souveräne Champions – Raphael Sperrer und Beifahrer Per Carlsson werden mit einem Seat Cordoba WRC Österreichische Rallye-Meister

Grenzenlos sportlich

Ausland

Kompromisse sind eine Frage des Geldes – zumindest in der Britischen Rallye-Meisterschaft. Lange Zeit war das britische Championat das Modell für eine funktionierende nationale Meisterschaft. Das ändert sich im neuen Jahrtausend. Plötzlich sind mit VW und Opel nur zwei Hersteller übrig geblieben. Also gehen die Organisatoren einen Kompromiss ein. Auch Gruppe N-Fahrzeuge dürfen um den Titel fahren – vorausgesetzt, die Teams beteiligen sich an den Kosten für die TV-Vermarktung. Prompt wird mit Marko Ipatti ein Pilot mit einem seriennahen Mitsubishi Meister.

Ipatti hat bereits 1997 in England die damals getrennt gewertete Gruppe N-Meisterschaft gewonnen. Für den Finnen ist es eine leichte Saison. Denn die Kitcar-Fahrer Mark Higgins, Neil Wearden und Titelverteidiger Tapio Laukkanen machen zu viele Fehler. Als beim Saisonfinale auf der Isle of Man Opel-Pilot Wearden bereits nach zwei Kilometern mit einem Motorschaden ausfällt, ist Ipatti Meister.

Für die Saison 2001 haben die Organisatoren Änderungen geplant. Endlich sollen in England auch World Rally Cars um den Titel fighten. Zu Saisonende 2000 steht allerdings noch nicht fest, ob Fahrzeuge der neuen Super 1600-Klasse ebenfalls in der Britischen Meisterschaft starten oder ein zweites Championat bei kleineren Veranstaltungen austragen werden.

In der Italienischen Meisterschaft, die aus zehn Rallyes besteht, ist der Titelkampf ein Fall für zwei. Mit Piero Longhi im Toyota Corolla und Paolo Andreucci im Subaru Impreza gibt es nur zwei Fahrer mit starken World Rally Cars. Anfangs scheint

Unten: Der mit dem Golf tanzt – Tapio Laukkanen in Großbritannien

Links: Schnelles Kitcar – Peugeot-Pilot Achim Mörtl feiert in Österreich einen Sieg.
Unten: Finne in England – Markko Ipatti wird mit einem Mitsubishi Britischer Meister

Oben und links: Gast-Star – Skoda-Werkspilot Armin Schwarz siegt bei der Semperit-Rallye

Links: Große Sprünge – Janusz Kulig gewinnt mit einem Ford Focus WRC die Polnische Rallye-Meisterschaft

Ausland

sich ein spannender Fight zu entwickeln, bei den ersten vier Rallyes wechseln sich Longhi und Andreucci mit dem Siegen ab. Dann aber entscheidet Longhi vier Rallyes in Folge für sich– und steht damit als neuer Champion fest.

In Italien werden noch zwei weitere Meisterschaften ausgetragen. Das Championat für zweiradangetriebene Fahrzeuge geht an Peugeot-Pilot Renato Travaglia. In der Schotter-Meisterschaft erringt Gianfranco Cunico mit sechs Siegen den Titel. Für das Jahr 2001 machen die Italiener Schluss mit dem Titel-Wirrwarr: Dann gibt es nur eine Meisterschaft – mit zehn Rallyes, davon sieben auf Asphalt.

Klare Dominanz für Citroën in der Französischen Rallye-Meisterschaft: Philippe Bugalski fährt mit dem neuen Allrad-Citroën Xsara von Sieg zu Sieg. Mit dem knallroten Auto nach WRC-Reglement bereitet das Citroën-Werksteam seinen WM-Einstieg für 2001 vor. Der einzige Fahrer, der Bugalski gefährlich werden kann, gibt zur Mitte der Saison auf. Subaru-Pilot Simon-Jean Joseph erhält die Chance, für das Werksteam die beiden WM-Rallyes auf Korsika und in San Remo zu bestreiten. Zu diesem Zeitpunkt sind seine Titelchancen sowieso so gut wie weg.

Hinter Bugalski kämpfen drei Renault-Piloten um den Titel des Vizemeisters, Serge Jordan, Bernard Rousselot und Eric Rousset. Ihre Einsätze sind reine Privat-Initiativen. Denn außer dem Citroën-Werksteam engagiert sich nur Peugeot mit einem Peugeot 106 Kitcar für Cedric Robert in der Meisterschaft. Die anderen Hersteller und Importeure glänzen durch Abwesenheit.

In Polen holt Janusz Kulig mit einem von M-Sport vorbereiteten Ford Focus WRC seinen zweiten Meistertitel nach 1997. In den Niederlanden wird Toyota-Pilot Rocco Theunissen zum zweiten Mal in Folge Meister.

In der Österreichischen Meisterschaft heißt der Mann des Jahres Raphael Sperrer. Mit fünf Siegen fährt er mit einem Seat Cordoba souverän zum dritten Titel nach 1996 und 1998. Die Rallye-ÖM ist eine der spannendsten Meisterschaften in Europa. Toyota setzt zwei Toyota Corolla für Franz Wittmann und Markus Mitterbauer ein, Peugeot ist mit einem 206 WRC für Achim Mörtl vertreten. Willi Stengg fährt einen Subaru. Und Mundl Baumschlager sorgt mit einem VW Golf Diesel Kitcar für Furore. Für 2001 hat der langjährige VW-Werkspilot den Umstieg in ein World Rally Car geplant. Dann will er die Rallye-ÖM mit einem Ford Focus WRC aufmischen. Doch beim Saisonfinale, der Semperit-Rallye haben die schnellen Österreicher allesamt das Nachsehen: Skoda-Werkspilot Armin Schwarz kommt mit einem Octavia WRC zu einem Gaststart – und siegt mit 1.42 Minuten Vorsprung. ■

Oben: Rot-Wild – Philippe Bugalski wird in Frankreich mit dem neuen Citroën Champion. Links und unten: Umsteiger – Mundl Baumschlager im Golf Diesel Kitcar. 2001 fährt er einen Ford Focus

Unten: Stark – Gaßner wird Gruppe N-Champion in Österreich

Veedol
MITSUBISHI
PlayStation
Konica
203
BORBET
Hella
DEKRA
MICHELIN
GG-RA 71

PAJERO

Rechts: Vierfuß-Antrieb – nicht jeder Zuschauer kommt mit dem Auto zur Strecke. Unten: Mit Andreas Schulz hat Jutta Kleinschmidt einen neuen Beifahrer. Trotzdem reicht es für sie „nur“ zum Vize-Titel

Rechts: Söhne der Wüste – die Veranstalter (hier Mohammed bin Sulayem aus Dubai) genießen das Interesse der Weltpresse

Die Zulassung verrät es – der Kleinschmidt-Pajero gehört Ralliart Germany. Betreut wird er aber vom französischen Mitsubishi-Werksteam

Es hat nicht sollen sein

Marathon-Weltcup

Das Jahr beginnt mit einem Skandal. Kaum ist die „Dakar"gestartet, steht sie auch schon wieder. Die französischen und amerikanischen Geheimdienste haben ernst zu nehmende Hinweise auf Terroranschläge gegen den Auftakt zum Marathon-Weltcup. Die von der Regierung unterdrückte Opposition im Niger will demnach die Anwesenheit der Weltpresse nutzen, um auf ihren Kampf aufmerksam zu machen.

„Dakar"-Organisator Hubert Auriol entschließt sich zu einem ungewöhnlichen Schritt. Er lässt die komplette Rallye per Luftbrücke nach Libyen ausfliegen. Zwei Tage lang rund um die Uhr transportieren riesige russische Antonov-Frachtflugzeuge 1365 Personen und 336 Fahrzeuge ins Nachbarland. Darunter neben den Rallyeautos auch Service-Lkw und komplette Hubschrauber.

Im Mitsubishi-Lager gewinnt man dieser Maßnahme sogar positive Aspekte ab. „Die Strecken durch die Ténéré sind zwar wunderschön", sagt die deutsche Werksfahrerin Jutta Kleinschmidt. „Aber die Schlesser-Buggys wären dort ganz klar im Vorteil gewesen."

Vom Start weg hat sich die „Dakar", die diesmal von Dakar nach Kairo führt, zum Duell zwischen den Werks-Mitsubishi und der Privat-Mannschaft von Jean-Louis Schlesser entwickelt. Die in der serienna-

Oben: Form follows function – schön sehen sie nicht aus, die Schlesser-Buggys. Aber in der Wüste ist kein Kraut gegen sie gewachsen. Rechts: Ex-Kleinschmidt-Copilotin Tina Thörner bei der Kontrolle des Reifendrucks

Rechts: Deutsche Greenhorns in der Wüste, oder: Was passiert, wenn Journalisten auf der Suche nach dem besten Fotopunkt ihr Fahrkönnen überschätzen

Links: Wieder einmal ganz oben – Jean-Louis-Schlesser (mit Sonnenbrille und hoher Stirn) gewinnt die Desert Challenge und damit auch die Weltcup-Gesamtwertung

Links: So viel zum Thema „seriennah" – das Cockpit des T2-Pajero von Jutta Kleinschmidt. Unten: Man gönnt sich ja sonst auch alles – der Pool im Biwak der Desert Challenge gehört zu den Highlights des Weltcups

Oben: Im Benziner bei der „Dakar" – am Ende der Saison tauscht Sven Quandt seinen Mitsubishi Pajero gegen eine Diesel-Version (links)

Links: Schlessers Helfer – Luc Alphand im Kangoo, darüber der Meister auf dem Weg zum „Dakar"-Sieg

Marathon-Weltcup

hen T2-Kategorie eingestuften Japan-Allradler sind zwar schneller, verlieren aber durch Reifenschäden, mit Gras verstopften Kühlern und durch Navigationsfehler der Besatzungen viel Zeit. Schlesser bleibt mit seinem Eigenbau-Prototyp stets auf Schlagdistanz.

Die 13. Etappe bringt die Entscheidung. Nach dem Massenstart am Morgen gebärden sich die Herren Marathon-Piloten wie Formel 1-Fahrer in der letzten Runde. Die Folge ist ein Unfall, in den vier der Top-Autos verwickelt sind. Auch der bis dahin führende Kenjiro Shinozuka wirft seinen Werks-Pajero derart heftig über eine Düne, dass er im Hubschrauber in die nächste Klinik geflogen werden muss.

Nicht nur für den Massenstart handelt sich Organisator Auriol heftige Kritik ein. „Die Streckenführung ist viel zu einfach und bevorteilt die Buggys", mault Jutta Kleinschmidt. Und Teamkollege Jean-Pierre Fontenay ergänzt: „Wir sind schon mehr als 1000 km Vollgas gefahren."

Nach dem Unfall von „Shino" übernimmt Schlesser die Führung und gibt sie bis ins Ziel am Fuße der Pyramiden von Gizeh nicht mehr ab. Mit Platz zwei deutet Stéphane Peterhansel das Potenzial seines Eigenbau-Prototypen an. Der sechsfache „Dakar"-Sieger auf dem Motorrad hat über ein Mitsubishi-Fahrwerk eine Kunststoff-Karosserie des französischen Kleinstserienherstellers Mega gestülpt. Damit ist er fast 400 kg leichter als die Pajero. Jutta Kleinschmidt wird Fünfte.

Bei Baja Italia, einem 800-km-Sprint durch die italienischen Voralpen, ist aus dem Mitsubishi-Lager nur Jutta Kleinschmidt am Start. Eine defekte Kupplung bedeutet für sie jedoch das vorzeitige Aus. Glück im Unglück: Auch Schlesser sieht wegen eines Lenkungsdefektes am Renault-Kangoo-Prototyp das Ziel nicht.

In Tunesien, bei der dritten Weltcup-Runde, wird der Zweikampf Schlesser-Kleinschmidt endgültig eröffnet. Die beiden ehemaligen Lebensgefährten fighten vom ersten Meter an um den Sieg, die Konkurrenz bleibt um Welten zurück.

Kleinschmidt führt im tiefen Sand der ersten Etappen zunächst, verfährt sich dann aber. Anschließend ist sich Schlesser nicht zu fein, die Deutsche seinen Staub fressen zu lassen – er blockiert sie nach allen Regeln der Kunst. „Ich war schneller, bin aber auf der engen Piste nicht an ihm vorbeigekommen", ärgert sich die Mitsubishi-Pilotin. Nach knapp 1.900 km Wertungsprüfung rettet Schlesser einen Zwei-Minuten-Vorsprung ins Ziel. Für Marathon-Verhältnisse ein Foto-Finish.

In Marokko erleidet das Mitsubishi-Werksteam erneut Schiffbruch. „Für die steinigen Pisten sind unsere seriennahen Pajero zu schwer", analysiert Jutta Kleinschmidt. Reifenwechseln wird zur gehassten Nebenbeschäftigung.

Oben: Die Wüste ruft – Kenjiro Shinozuka auf den Spuren Lawrence von Arabiens. Rechts: Der Landi lebt – als Prototyp ist der Landrover das erklärte Lieblingsspielzeug der Locals

Oben: Technik pur – in den Schlesser-Buggys (im Bild die Vorderrad-Aufhängung) steckt jede Menge Ingenieurs-Kunst

Oben: Restaurant in der Wüste – das Verpflegungszelt bei der Desert Challenge. Rechts: Jean-Pierre Fontenay im Werks-Mitsubishi

Links: Von zwei auf vier Räder – Ex-“Dakar“-Sieger Stéphane Peterhansel beweist mit dem Mega-Prototyp, was mit der Mitsubishi-Technik möglich wäre. Unten: Gleich geht's los – Warten auf den Start zum Prolog

Bei der 38 Jahre alten Deutschen keimt erstmals der Gedanke, dass eine Frau als Beifahrerin zwar toll für's Marketing, aus sportlicher Sicht aber eher eine Fehlbesetzung sein dürfte. „Beim Radwechsel oder wenn wir unser Auto aus dem Sand ausgraben müssen, bin ich einfach zu schwach“, gibt Beifahrerin Tina Thörner zu. Außerdem verlangen die verschärften Service-Bestimmungen eigentlich nach einem Mechaniker an Bord. Auch nicht gerade eine Paradedisziplin der blonden Schwedin.
Team Schlesser landet einen Doppelsieg, Salvador Servia geleitet seinen Boss zum ersten Platz. Dem Tempo der beiden Buggy kann nur Jean-Pierre Fontenay im Mitsubishi L200 folgen. Die Performance des T3-Pickup beweist: Mitsubishi hat den Bau von Prototypen noch nicht verlernt. Allerdings sind die Japaner einzig und allein auf den Marken-Titel scharf. Und dafür gibt's in der T3-Kategorie keine Punkte.

Bei den folgenden Bajas in Spanien und Portugal lässt Schlesser nichts anbrennen und verbucht seine persönlichen Saisonsiege Nummer vier und fünf. Jutta Kleinschmidt verzichtet zugunsten des 24-Stunden-Rennens auf dem Nürburgring sogar freiwillig auf einen Start in Portugal. „Aufgrund der Streichergebnis-Regelung kein Problem“, hat sie ausgerechnet. In Spanien wird sie immerhin Zweite.
Dass Schlesser doch nicht ganz unbesiegbar ist, zeigt die Master-Rallye, die von Paris nach Istanbul führt. Allerdings sind es nicht die Mitsubishi-Mannen bzw. -Damen, die dem Franzosen eine Niederlage zufüge. Schlesser besiegt sich selber – mit einem Horror-Crash. Nach einem Salto bei hoher Geschwindigkeit kracht der Buggy mit dem Dach gegen einen Felsen. Schlesser hat Glück und ist mit zwei gebrochenen Lendenwirbeln verhältnismäßig leicht verletzt.
Selbst nach dem Ausfall des Weltcup-Führenden ist Jutta Kleinschmidt nicht der erste Marathon-Sieg einer Frau vergönnt. Schlessers Adjutant Josep-Maria Servia darf endlich einmal ohne Stallregie Gas geben. Der Spanier gewinnt vor Jutta Kleinschmidt.
In Argentinien sind die Mitsubishi alleine, das komplette Schlesser-Team nutzt die Verletzungspause des Chefs für eine Auszeit. An der Seite von Jutta Kleinschmidt nimmt erstmals Andreas Schulz Platz. Der 45 Jahre alte Bayer bringt die Erfahrung von zehn „Dakar“-Starts mit ein, außerdem kann er als professioneller Rallye-Mechaniker notfalls den Wüsten-Pajero im Alleingang zusammensetzen.
Durch Reifenschäden, Navigationsprobleme und einen Unfall bringt sich das neue Duo jedoch selbst um alle Siegchancen. Und fast 25 Minuten Vorsprung freiwillig aufzugeben, kann man von einem stolzen Japaner wie Kenjiro Shinozuka nicht wirklich verlangen. Stallregie für eine Frau? Also, ich bitte Sie....
So kommt's, dass die deutsche Mitsubishi-Werkspilotin das Finale bei der Desert Challenge schon gewinnen müsste – bei einem gleichzeitigen Ausfall des wieder genesenen Schlesser – um den Titel doch noch zu gewinnen.
Doch erneut steht sich Kleinschmidt selbst im Weg. Durch einen Überschlag am zweiten Tag ist sie von ihrem ersten Weltcup-Sieg weiter entfernt als jemals zuvor. Schlesser holt sich in Dubai seinen sechsten Saisonsieg mit einer Überlegenheit, die symptomatisch ist für die zurückliegende Saison. Jutta Kleinschmidt bleibt der schwache Trost des Vize-Titels. ■

Christian Schön

Zwei Vertreter italienischer Mittelmotor-Autos – Lancia Stratos (rechts) und Ferrari 308 (rechts daneben)

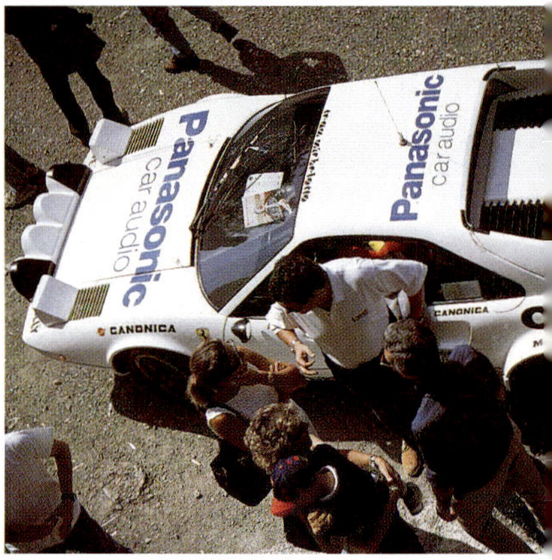

Plastik fantastic – Audi sport quattro S1 aus dem Jahr 1986

Oben: Asphalt war schon immer ihr Terrain – eine Alpine A110 im Vorprgramm der Rallye Catalunya

Historic

Sie rollen und grollen

Links: Stratosphäre – im Lancia Stratos von Piero Gobbi dürfen gelegentlich Gäste Platz nehmen...

Es ist ein Gefühl wie an einem heiligen Ort, einer Gedenkstätte – voller Bewunderung nähert sich der Beobachter dem Objekt, kennt es von unzähligen Bildern. Und doch herrscht Erstaunen, es *in natura* vor sich zu sehen – Überwältigung, Freude, fast kindliche Neugier. „Steig ein, komm mit“, ruft Piero Gobbi und öffnet die Tür seines roten Lancia Stratos. Ein lebenslanger Traum wird für mich wahr.

Stratos – das war ein Auto, das eigentlich nie zu begreifen war. Im Zeitalter umgebauter Tourenwagen, im besten Falle verbesserter Sportwagen à la Porsche 911, war der Stratos ein Komet mit Straßenzulassung. Kunststoffhaut, der Mittelmotor ein Ferrari-Dino-Triebwerk aus der Formel 2, Rennfahrwerk – der keilförmige Sportwagen wirkte, als sei er von der Lancia-Rennabteilung in Turin aus Versehen für den Rallyesport abkommandiert worden. Der Stratos schlug 1974 so ein, wie er aussah – eben wie ein Komet.

Die Kunststofftür des von Bertone gestylten Coupé öffnet sich federleicht, der lange Körper verschwindet passgenau im engen Cockpit. Zwischen Sitz und Dach ist er toleranzfrei arretiert.

Piero Gobbi zieht die Hosenträgergurte fest. Der Unternehmer aus Alessandria, restauriert und sammelt die raren Modelle. Zum *Autoraduno RAAB Classic* führt der italienische Gentleman ein Exemplar aus, das einst in der Rallye-Europameisterschaft lief. Die RAAB – *Rally Alto Appennino Bolognese* – ist eine Klassik-Veranstaltung des Rally Club Sandro Munari, der alljährlich im Mai in die Bergregion zwischen Mailand und Florenz einlädt.

Mit einer Schlüsselumdrehung haucht der Sammler dem Ferrari-Motor Leben ein. Sonor röhrt das 2,4 Liter-V6-Kunstwerk. Je höher die Drehzahl, desto melodischer klingt es. Gobbi legt den ersten Gang ein und fährt langsam die Bergstraße hinauf. Liebevoll achtet er auf alle Betriebstemperaturen – Öl, Wasser und Bremsen. Der linke Fuß wippt leicht auf dem Bremspedal, der rechte treibt den Stratos mit Gasstößen den Berg hinauf. „Mit der Technik muss man vorsichtig umgehen, Teile sind selten geworden“, beschreibt der Restaurateur.

Als der Stratos warm gefahren ist, fängt sein Pilot an zu spielen. Beschleunigen, Kurven anbremsen, hineinstechen, wieder beschleunigen. Mit der unvergleichlichen Klangfarbe eines Sechszylinders orgelt der mehr als 260 PS starke Rennmotor hoch. Wie eine Raubkatze faucht er der Besatzung ins Ohr. Die Maschine giert nach Drehzahlen, stets synchron untermalt vom surrenden Geräusch der elektrischen Benzinpumpen, die wie wild dem Temperament des Kraftquells nacheifern, ihre Tonlage mit jeder Gaspedalbewegung neu anstimmen.

Oben: Schlafende Schönheiten – Die Autos der IG Works Rally Cars im malerischen Lloret de Mar.
Rechts: Mutation vom gepflegten Cabrio zum beinharten Rallyeknochen – der Fiat 124 Abarth Spider von 1973

Rechts: Spanisches Erbe – original lackierter Lancia Delta von Carlos Sainz im italienischen Privatbesitz

Unten: Platzhirsch im Weinberg – MG Metro 6R4 oberhalb der Mosel bei der Deutschland-Classic

Beliebt bei historischen Rallyesprints in Italien: Alfa Alfetta GTV Turbo (oben, mit Mauro Pregliasco am Steuer) und Lancia Rally 037 (links)

Historic

Rechts: Tasmanischer Teufel – Porsche 356 B Carrera GT bei der Targa Tasmania in den Händen von Walter Röhrl

Die breiten Reifen sammeln den Split der Bergstraße auf und spucken ihn in die Radhäuser. Ganz fein klickern die Steinchen von innen an die kunstvollen Wölbungen, ergänzen die maschinelle Sinfonie um ein kleines Naturerlebnis. Ein wahres Klanggewitter bricht bei jedem Gasstoß los, treibt dem neuen Mitfahrer stets ein Grinsen ins Gesicht.
Mit seinem ultrakurzen Radstand von nur 2,18 Metern schreit der Lancia förmlich nach Kurven. In freier Wildbahn freilich verhält er sich so grazil wie ein Keiler, der an einer Leine ausgeführt wird. Improvisation ersetzt Präzision, Faszination jegliche Rationalität. Die extremen Dimensionen – mehr als 1,80 Meter breit, mit nur 3,71 Meter aber eine Handbreit kürzer als ein Fiat Punto – treiben den routiniertesten Piloten den Schweiß auf die Stirn. Die extreme Motorleistung, der zentral gelegene Schwerpunkt, ein Gewicht von weniger als eine Tonne – jeder Ausflug auf eine Sonderprüfung wurde einst zur Grenzerfahrung, das nervöse Tänzeln um die Hochachse ein einziges Nervenspiel.
Doch nicht nur die Autos von früher, auch die damaligen Stars geben sich bei der *RAAB Classic* die Ehre. In der Vergangenheit waren mit Walter Röhrl und Massimo Biasion zwei Weltmeister am Start, in diesem Jahr findet mit Stig Blomqvist ein weiterer Champion den Weg nach Italien. Der wortkarge Schwede erhält die Wahl zwischen zwei seiner früheren Arbeitsgeräte. Zwei formidable Rallyeautos, beide mit Weltmeister-Ehren geschmückt: ein Talbot Sunbeam Lotus und ein Peugeot 205 Turbo 16.
Der Skandinavier entscheidet sich für den Gruppe B-Peugeot und tut auf seine stille Art, was südlich der Alpen zumeist mit emotionalen Ausbrüchen verbunden ist: Er genießt einfach. Das größte nur vorstellbare Kompliment, was er seinen Gastgebern erteilen kann, formuliert Blomqvist auf seine Art. „Ich komme im nächsten Jahr wieder", verspricht der 53 Jahre alte Schwede.
Walter Röhrl wäre auch gerne gekommen, doch der zweifache Weltmeister weilt zu diesem Zeitpunkt am anderen Ende der Welt. Für das Porsche-Museum steuert Röhrl auf der südlich von Australien gelegenen Insel Tasmanien einen Porsche 356 B Carrera GT. Nach 2500 Kilometern und sieben Wettbewerbstagen freut sich der Bayer über die Zielankunft. „Nirgendwo sonst wird so lange so schnell gefahren, nicht einmal bei den aktuellen WM-Rallyes", urteilt Röhrl. „Wir haben uns die Rallye klug eingeteilt, lagen in Front und bekamen am Schluss doch noch Schwierigkeiten mit dem Schaltgestänge. Schade. Aber Glück gehört auch dazu. Trotzdem hat die Rallye durch diese wunderschöne Landschaft sehr große Freude bereitet."

Oben: Exotik pur – *Jewel of India-Rallye*. Rechts: Erfolgstyp – Ford Escort der ersten Generation, gesteuert von Christian Pschikal

Die *RAAB Classic* und die *Targa Tasmania* markieren zwei Extrempunkte des Spektrums historischer Rallyes. Ist die italienische Veranstaltung ein automobilhistorisches und kulinarisches Erlebnis, so dominiert bei der Rallye auf der Südhalbkugel purer Wettbewerbscharakter. Dazwischen ist eine wahre Fülle historischer Fahrten angesiedelt. Die *Histo-Monte* etwa, eine AvD-Gleichmäßigkeitsveranstaltung auf den Spuren der Rallye Monte Carlo. Opel-Händler Reinhard Stahl gewinnt in diesem Jahr auf einem Opel Kadett B Rallye von 1970. Der frühere viermalige Querfeldein-Radweltmeister Klaus-Peter Thaler belegt den vierten Rang mit einem Opel Ascona A, mit dem Walter Röhrl 1974 Europameister wurde. Damals wie heute heißt der Beifahrer Jochen Berger. „Es war beeindruckend zu sehen, wie viele Emotionen der ehemalige Röhrl-Ascona bei den zahlreichen Zuschauern immer noch auslöst", so Thaler.

Auch an den Helden von einst gehen die historischen Veranstaltungen keineswegs spurlos vorbei. Der finnische „Rallye-Professor" Rauno Aaltonen etwa oder der Italiener Sandro Munari starten bei der 1000-Minuten-Klassik im Herbst in Österreich, Paul-Ernst Strähle gewinnt die Kitzbüheler Alpenrallye, und Hannu Mikkola startet zusammen mit Sohn Juha zur London-Sydney-Rallye. Der Sieg bei dem kolossalen Marathon von der britischen Metropole nach Australien geht an Stig Blomqvist, Michèle Mouton rollt als Zweite durchs Ziel.
Gruppe B-Modelle wie jene, mit denen Mouton und Blomqvist einst für Furore sorgten, versammeln Claudia und Reinhard Klein in ihrer *IG Works Rally Cars*. Ob Audi quattro A2 oder sport quattro S1, Peugeot 205 Turbo 16, Opel Manta 400 oder MG Metro 6R4 – die unternehmungslustige Truppe um den bekannten Rallye-Fotografen sorgt stets für viel

Oben: Porsche 356 von Kriegsteiner/ Berger bei der *Tour Auto* in Frankreich. Oben links: Ford A Speedster von 1929 bei der Kitzbüheler Alpen-Rallye. Links: Oldies vor malerischer Kulisse bei der Bavaria Historic Rallye

Historic

Links: Stig Blomqvist trifft Peugeot 205 Turbo 16. Darunter: Günther Frauenkron im Opel Manta 400

Spektakel. Längst rollen die Rallye-Dinos international. „Unser Auftritt bei der Rallye Catalunya in Spanien war so toll, dass sich gleich zwei britische Journalisten und eine griechische Kollegin zur Rallye Daun angesagt haben", berichtet Claudia Klein stolz. Dort bekommen die ausländischen Gäste einen besonderen Leckerbissen geboten: Armin Schwarz bringt einen Lancia Delta S4 an den Start. Das rund 500 PS starke Monster, mit dem Markku Alen 1986 um den WM-Titel kämpfte, zieht die Zuschauer mit seinem unvergleichlichen Zischen in den Bann – Turbolader und Kompressor sorgen gemeinsam für eine einzigartige Klangkomposition, der Allradantrieb setzt die unbändige Kraft in katapultartigen Vortrieb um.

Noch exotischere Veranstaltungen schließlich vermischen die Grenzen zwischen Rallye- und Rennsport – die große *Mille Miglia* etwa, ein italienisches Straßenrennen, das die ganz großen Namen versammelt: Alfa Romeo, Aston Martin, Bugatti, Jaguar, Lancia, Maserati, Stirling Moss, Jochen Mass, Juan Manuel Fangio Junior, Jean Alesi, Hans-Joachim Stuck und viele mehr.

Ähnlich mondän die *Tour Auto* in Frankreich, die die Teilnehmer von Rennstrecke zu Rennstrecke führt: Montlhéry, Dijon, Magny-Cours, Albi und Nogaro. Dazu die besten Autos der Welt: Ford GT 40, BMW 507, Austin Healey und natürlich die schönsten Ferrari und Porsche. Im Cockpit: Sammler, aber auch Ex-Profis wie Walter Röhrl oder Jean-Claude Andruet. *Tour Auto*-Veranstalter Patrick Peter verkündet der Oldtimer-Gemeinde zudem die Reise zu einer weiteren geschichsträchtigen Stätte: Im Spätherbst steht die *Targa Florio* an – ein Straßenrennen quer durch Sizilien.

Ein einziges Abenteuer übertrifft all diese Veranstaltungen noch an Exotik und Flair: Die *Jewel of India-Rallye*, die von Indien durch das Himalaya-Gebirge bis ins nepalesische Kathmandu und zurück führt. ■

Alexander von Wegner

Zahlen

Ergebnisse Europameisterschaft

Läufe mit Wertungskoeffizient 20

Corte Ingles (E), 13.-15. April

1.	Puras/Marti (E/E)	Citroën Xsara Kitcar	2.48.47,6 Std.
2.	Thiry/Prevot (B/B)	Citroën Xsara Kitcar	1.48,5 Min. zur.
3.	Avero/Perez (E/E)	Citroën ZX Kitcar	4.44,6 Min. zur.

Albena (BG), 19.-21. Mai

1.	Thiry/Prevot (B/B)	Citroën Xsara Kitcar	2.29.58,4 Std.
2.	Lundgaard/Anker (DK/DK)	Toyota Corolla WRC	5,1 Sek. zur.
3.	Popov/Popov (BG/BG)	Toyota Celica GT-four	4.44,8 Min. zur.

Polski (PL), 1.-3. Juni

1.	Lundgaard/Anker (DK/DK)	Toyota Corolla WRC	2.14.29,6 Std.
2.	Kulig/Baran (PL/PL)	Ford Focus WRC	33 Sek. zur.
3.	Thiry/Prevot (B/B)	Citroën Xsara Kitcar	1.20 Min. zur.

Ypern-Westhoek (B), 23.-25. Juni

1.	Lundgaard/Anker (DK/DK)	Toyota Corolla WRC	3:02.39,1 Std.
2.	Snijers/van der Pluym (MC/B)	Peugeot 206 WRC	3.09,8 Min. zur.
3.	Theunissen/Mombaerts (B/B)	Toyota Corolla WRC	5.11,9 Min. zur.

Deutschland (D), 7.-9. Juli

1.	Lundgaard/Anker (DK/DK)	Toyota Corolla WRC	2:39.26,5 Std.
2.	Kahle/Schneppenheim (D/D)	Seat Cordoba WRC	29,0 Sek. zur.
3.	Thiry/Prevot (B/B)	Citroën Xsara Kitcar	6.08,1 Min. zur.

Madeira (P), 3.-5. August

1.	Liatti/Cassina (I/I)	Subaru Impreza WRC	2.57.37,5 Std.
2.	Lundgaard/Anker (DK/DK)	Toyota Corolla WRC	27,7 Sek. zur.
3.	Thiry/Prevot (B/B)	Citroën Xsara Kitcar	32,2 Sek. zur.

Elpa-Halikidikis (GR), 1.-3. September

1.	Lundgaard/Anker (DK/DK)	Toyota Corolla WRC	3:22.30,0 Std.
2.	Vovos/"El Em" (GR/GR)	Toyota Corolla WRC	5.16,5 Min. zur.
3.	Kazaz/Bakancocuklari (TR/TR)	Subaru Impreza WRC	10.17,6 Min. zur.
4.	Holderied/Feichtinger (D/A)	Toyota Corolla WRC	12.48,3 Min. zur.

Türkei (TR), 15.-17. September

1.	Lundgaard/Anker (DK/DK)	Toyota Corolla WRC	2:50.12,6 Std.
2.	Yazici/Bodur (TR/TR)	Toyota Corolla WRC	4.04,8 Min. zur.
3.	Kazaz/Bakancocuklari (TR/TR)	Subaru Impreza WRC	5.22,7 Min. zur.

Piancavallo (I), 28.-30. September

1.	Andreucci/Bernacchini (I/I)	Subaru Impreza WRC	3:11.40,2 Std.
2.	Oldrati/Pirollo (I/I)	Subaru Impreza WRC	4.36,4 Min. zur.
3.	Holderied/Baust (D/D)	Toyota Corolla WRC	9.35,4 Min. zur.

Antibes (F), 27.-29. Oktober

1.	Jordan/Pivato (F/F)	Renault Mégane Maxi	3:30.21,1 Std.
2.	Galpin/Delebecq (F/F)	Subaru Impreza WRC	1.27,9 Min. zur.
3.	de Meyer/Fouillat (F/F)	Renault Mégane Maxi	6.16,7 Min. zur.
4.	Holderied/Baust (D/D)	Toyota Corolla WRC	7.12,6 Min. zur.

Läufe mit Wertungskoeffizient 10

Finnskog (N), 24.-26. Februar

1.	H. Solberg/Pedersen (N/N)	Ford Escort WRC	2:30.23,3 Std.
2.	Ostberg/Jahnsrud (N/N)	Subaru Impreza WRC	3.09,8 Min. zur.
3.	Walfridsson/Bäckman (S/S)	Mitsubishi Lancer Evolution	3.16,5 Min. zur.

1000 Miglia (I), 7.-9. April

1.	Andreucci/Bernacchini (I/I)	Subaru Impreza WRC	2:35.16,5 Std.
2.	Dallavilla/Fappani (I/I)	Subaru Impreza WRC	22,6 Sek. zur.
3.	Mannarino/Vernuccio (I/I)	Subaru Impreza WRC	5.26,3 Min. zur.

San Marino (RSM), 26.-28. Mai

1.	Longhi/Baggio (I/I)	Toyota Corolla WRC	2:57.28,5 Std.
2.	Andreucci/Giusti (I/I)	Subaru Impreza WRC	3.14,0 Min. zur.
3.	Ercolani/Stefanelli (I/I)	Subaru Impreza WRC	3.24,3 Min. zur.

Kroatien (HR), 8.-10. Juni

1.	De Jong/Hillen (NL/NL)	Subaru Impreza WRC	2:25.40,0 Std.
2.	Kazaz/Bakancocuklari (TR/TR)	Subaru Impreza WRC	43,7 Sek. zur.
3.	Peljhan/Kacin (SLO/SLO)	VW Golf Kitcar	1.36,6 Min. zur.

Acores (P), 29. Juni - 2. Juli

1.	Märtin/Park (EE/GB)	Subaru Impreza WRC	2.45.55,8 Std.
2.	Chaves/Paiva (P/P)	Toyota Corolla WRC	2.08,5 Min. zur.
3.	Lopes/Lisboa (P/P)	Peugeot 206 WRC	2.20,3 Min. zur.

Hunsrück (D), 20.-22. Juli

1.	Kahle/Schneppenheim (D/D)	Seat Cordoba WRC	2:32.39,7 Std.
2.	Kremer/Wicha (D/D)	Subaru Impreza WRC	1.25,9 Min. zur.
3.	Breijer/van Goor (NL/NL)	Subaru Impreza WRC	4.20,1 Min. zur.

Barum (CZ), 24.-26. August

1.	Kresta/Tomanek (CZ/CZ)	Skoda Octavia WRC	2:13.31,7 Std.
2.	Bertone/Chiapponi (I/I)	Ford Focus WRC	2.06,2 Min. zur.
3.	Hrdinka/Palivec (CZ/CZ)	Subaru Impreza WRC	2.57,6 Min. zur.

Semperit (A), 3.-5. November

1.	Schwarz/Hiemer (D/D)	Skoda Octavia WRC	1.54.03,2 Std.
2.	Wittmann/Berßen (A/D)	Toyota Corolla WRC	1.42,3 Min. zur.
3.	Kremer/Seiter (D/D)	Subaru Impreza WRC	2.09,3 Min. zur.

Var (F), 1.-3. Dezember
nach Redaktionsschluss

Läufe mit Wertungskoeffizient 5

Arctic (FIN), 28.-29. Januar

1.	Radström/Skallman (S/S)	Toyota Corolla WRC	2:15.02,3 Std.
2.	Lindholm/Aho (FIN/FIN)	Toyota Corolla WRC	2.17,7 Min. zur.
3.	Kangas/Ovaskainen (FIN/FIN)	Toyota Corolla WRC	4.25,9 Min. zur.

Boucles de Spa (B), 18.-19. Februar

1.	Thiry/Prevot (B/B)	Toyota Corolla WRC	2:22.29 Std.
2.	Tsjoen/Vergalle (B/B)	Seat Cordoba WRC	2.15 Min. zur.
3.	van Woensel/Snaet (B/B)	Subaru Impreza WRC	2.30 Min. zur.

Hautes Fagnes (B), 7.-9. April

1.	Snijers/Tritsmans (B/B)	Toyota Corolla WRC	2:06.00 Std.
2.	Theunissen/Mombaerts (B/B)	Toyota Corolla WRC	1.26 Min. zur.
3.	Cols/Gérard (B/B)	Mitsubishi Lancer Evolution	4.28 Min. zur.

Olympion (GR), 14.-16. April

1.	Vovos/"El Em" (GR/GR)	Toyota Corolla WRC	2:41.06,7 Std.
2.	Richelmi/Barzou (MC/F)	Subaru Impreza WRC	4.53 Min. zur.
3.	Aliferis/Velis (GR/GR)	Mitsubishi Lancer Evolution	14.05 Min. zur.

Saturnus-Istra (SLO), 12.-13. Mai

1.	Peljhan/Kacin (SLO/SLO)	VW Golf Kitcar	2:31.47,8 Std.
2.	Pattison/Whitaker (GB/GB)	Ford Escort RS Cosworth	1.59,5 Min. zur.
3.	Jereb/Kurent (SLO/SLO)	Seat Ibiza Kitcar	2.18,6 Min. zur.

Südschweden (S), 25.-27. Mai

1.	Jonsson/Johansson (S/S)	Ford Escort WRC	1.41.42,4 Std.
2.	Bäcklund/Andersson (S/S)	Mitsubishi Lancer Evolution	1.02,7 Min. zur.
3.	Nilsson/Andersson (S/S)	Subaru Impreza WRX	1.19,3 Min. zur.

Salento (I), 16.-18. Juni

1.	Andreucci/Bernacchini (I/I)	Subaru Impreza WRC	2:20.35,0 Std.
2.	Oldrati/Fappani (I/I)	Subaru Impreza WRC	2.41,7 Min. zur.
3.	Aghini/D'Esposito (I/I)	Mitsubishi Lancer Evolution	3.56,3 Min. zur.

Hebros (BG), 23.-25. Juni

1.	Iliev/Sivov (BG/BG)	Ford Escort RS Cosworth	2.28.07,1 Std.
2.	Zlatkov/Nikoltcheva (BG/BG)	Toyota Celica GT-four	0,4 Sek. zur.
3.	Marinov/Mihajlov (BG/BG)	Mitsubishi Lancer Evolution	8.44,3 Min. zur.

Rumänien (RO), 30. Juni - 2. Juli

1.	Grigurescu/Dumitriu (RO/RO)	Renault Mégane Maxi	2:05.45,4 Std.
2.	Aur/Boboescu (RO/RO)	Toyota Celica GT-four	13,4 Sek. zur.
3.	Girtofan/Lazarescu (RO/RO)	Subaru Impreza WRX	6.09,0 Min. zur.

Bohemia (CZ), 13.-15. Juli

1.	Kresta/Tomanek (CZ/CZ)	Skoda Octavia WRC	1:22.52,5 Std.
2.	Krecek/Krecman (CZ/CZ)	Ford Escort RS Cosworth	1.28,7 Min. zur.
3.	Stolfa/Fanta (CZ/CZ)	Peugeot 306 Maxi	7.40,7 Min. zur.

Lana (I), 14.-16. Juli

1.	Liatti/Pons (I/I)	Subaru Impreza WRC	2.47.50,6 Std.
2.	Dissegna/Paganelli (I/I)	Toyota Corolla WRC	2.43,1 Min. zur.
3.	De Luca/Fappani (I/I)	Subaru Impreza WRC	8.25,3 Min. zur.

Sosser Sliven (BG), 28.-30. Juli

1.	Kazaz/Bakancocuklari (TR/TR)	Subaru Impreza WRC	2:05.45,2 Std.
2.	Zlatkov/Niloltcheva (BG/BG)	Toyota Celica GT-four	1.00,8 Min. zur.
3.	Zlatkov/Tomova (GB/GB)	Ford Escort Cosworth	3.10.7 Min. zur.

Coruna (E), 8.-10. September

1.	Canellas/Del Barrio (E/E)	Citroën Xsara Kitcar	2.25.51 Std.
2.	Monzon/Deniz (E/E)	Mitsubishi Lancer Evolution	1.12 Min. zur.
3.	Puras/Marti (E/E)	Citroën Xsara Kitcar	3.33 Min. zur.

Yu (YU), 15.-17. September

1.	Iliev/Sivov (BG/BG)	Peugeot 306 Maxi	2.24.52,3 Std.
2.	Zlatkov/Nikolcheva (BG/BG)	Toyota Celica 4WD	3.36,6 Min. zur.
3.	Cvetkovic/Pijievic (YU/YU)	Mitsubishi Lancer Evolution	4.43,9 Min. zur.

Golden Tulip (NL), 22.-24. September

1.	Theunissen/Mombaerts (B/B)	Toyora Corolla WRC	1:51.44 Std.
2.	Breijer/van Goor (NL/NL)	Subaru Impreza WRC	14 Sek. zur.
3.	Boers/Poel (NL/NL)	Subaru Impreza WRC	2.48 Min. zur.

Rota do Vidro (P), 23.-24. September

1.	Lopes/Lisboa (P/P)	Peugeot 206 WRC	2:10.34,9 Std.
2.	Madeira/Prata (P/P)	Seat Cordoba WRC	2.00,2 Min. zur.
3.	Campos/Magalhaes (P/P)	Mitsubishi Carisma GT	9.23,4 Min. zur.

Valais (CH), 19.-21. Oktober

1.	Henny/Brand (F/F)	Peugeot 306 Maxi	2:47.29,7 Std.
2.	Jacquillard/Jacquillard (CH/CH)	Subaru Impreza WRC	6.55,9 Min. zur.
3.	Potapov/Potapov (RUS/RUS)	Subaru Impreza WRC	7.06,5 Min. zur.

3-Städte (D), 20.-21. Oktober

1.	Kremer/Wicha (D/D)	Subaru Impreza WRC	1:55.09,2 Std.
2.	Kahle/Schneppenheim (D/D)	Seat Cordoba WRC	2.01,5 Min. zur.
3.	Geipel/Hesseler (D/D)	Toyota Celica GT-four	7.11,8 Min. zur.

Condroz (B), 4.-5. November

1.	Thiry/Prevot (B/B)	Toyota Corolla WRC	2:22.29,0 Std.
2.	Tsjoen/Vergalle (B/B)	Seat Cordoba WRC	2.15,0 Min. zur.
3.	de Mevius/Fortin (B/B)	Peugeot 206 WRC	2.36,0 Min. zur.

Läufe mit Wertungskoeffizient 2

Ciocco (I), 2.-4. März

1.	Longhi/Baggio (I/I)	Toyota Corolla WRC	2.47.51,5 Std.
2.	Andreucci/Bernacchini (I/I)	Subaru Impreza WRC	1.37,4 Min. zur.
3.	De Cecco/Barigelli (I/I)	Toyota Corolla WRC	4.41,3 Min. zur.

Sumava-Mogul (CZ), 17.-19. März

1.	Dolak/Palivec (CZ/CZ)	Toyota Corolla WRC	2.28.54,2 Std.
2.	Krecek/Krecman (CZ/CZ)	Ford Escort RS Cosworth	33,3 Sek. zur.
3.	Trojan/Vodicka (CZ/CZ)	Toyota Celica GT-four	33,6 Sek. zur.

Ardennes (B), 17.-19. März

1.	Theunissen/Mombaerts (B/B)	Toyota Corolla WRC	2.27.03 Std.
2.	Cols/Gerard (B/B)	Mitsubishi Lancer Evolution	39 Sek. zur.
3.	Viaene/Meert (B/B)	Subaru Impreza WRC	1.08 Min. zur.

Ergebnisse international

Luxemburg (LUX), 22.-23. April

1.	Arai/Freeman (J/GB)	Subaru Impreza WRC	2.48.16 Std.
2.	Princen/Colebunders (B/B)	Renault Mégane Maxi	23 Sek. zur.
3.	Cols/Gerard (B/B)	Mitsubishi Carisma GT	2.47 Min. zur.

Pneumant (D), 28.-30. April

1.	Kahle/Schneppenheim (D/D)	Seat Cordoba WRC	2:10.26,5 Std.
2.	Kremer/Wicha (D/D)	Subaru Impreza WRC	12,3 Sek. zur.
3.	Vierimaa/Honkanen (FIN/FIN)	Ford Escort WRC	6.37,6 Min. zur.

Krakowski (PL), 12.-14. Mai

1.	Kuzaj/Gorski (PL/PL)	Toyota Corolla WRC	1.34.46,8 Std.
2.	Kulig/Baran(PL/PL)	Ford Focus WRC	48,5 Sek. zur.
3.	Herba/Rathe (PL/PL)	Seat Cordoba WRC	5.19,4 Min. zur.

Kosice (SK), 25.-27. Mai

1.	Gargulak/Maleik (CZ/CZ)	Mitsubishi Lancer Evolution	1:41.19,9 Std.
2.	Chovanec/Holan (CZ/CZ)	Ford Escort Cosworth	20,5 Sek. zur.
3.	Bujdos/Slavka (SK/SK)	Mitsubishi Lancer Evolution	9.27,3 Min. zur.

Targa Florio (I), 28.-30. Juli

1.	Longhi/Baggio (I/I)	Toyota Corolla WRC	2:00.08,6 Std.
2.	Andreucci/Bernacchini (I/I)	Subaru Impreza WRC	9,4 Sek. zur.
3.	De Cecco/Barigelli (I/I)	Toyota Corolla WRC	6.51,3 Min. zur.

Budapest (H), 3.-6. August

1.	Turi/Papp (HR/HR)	Toyota Corolla WRC	2:04.02 Std.
2.	Toth/Toth (HR/HR)	Peugeot 206 WRC	1.57 Min. zur.
3.	Erdi/Varga (HR/HR)	Subaru Impreza WRC	2.35 Min. zur.

Karkonoski (PL), 1.-3. September

1.	Kulig/Baran (PL/PL)	Ford Focus WRC	2:05.18,0 Std.
2.	Kuzaj/Gorski (PL/PL)	Toyota Corolla WRC	53,9 Sek. zur.
3.	Kuchar/Szzepaniak (PL/PL)	VW Golf Kitcar	8.39,6 Min. zur.

Messina (I), 15.-17. September

1.	Longhi/Baggio (I/I)	Toyota Corolla WRC	2:29.23,7 Std.
2.	Andreucci/Bernacchini (I/I)	Subaru Impreza WRC	1.00,7 Min. zur.
3.	Vagnini/Pollet (RSM/RSM)	Renault Mégane Maxi	13.57,9 Min. zur.

Wisla (PL), 29. September - 1. Oktober

1.	Kuzaj/Gorski (PL/PL)	Toyota Corolla WRC	1.53.48,2 Std.
2.	Tosovsky/Krecman (CZ/CZ)	Mitsubishi Lancer Evolution	2.39,4 Min. zur.
3.	Herba/Rathe (PL/PL)	Mitsubishi Lancer Evolution	3.19,0 Min. zur.

Tatry (SK), 17.-18. November

1.	Chovanec/Holan (CZ/CZ)	Skoda Octavia WRC	29.24,2 Min.
2.	Chvojka/Chvojkova (CZ/CZ)	Ford Escort RS Cosworth	17,0 Sek. zur.
3.	Vojtech/Palivec (CZ/CZ)	Toyota Celica GT-four	51,5 Sek. zur.

Stand

Pl.	Fahrer (Nation)	Fahrzeug	Punkte
1.	Henrik Lundgaard (DK)	Toyota Corolla WRC	1240 Punkte
2.	Bruno Thiry (B)	Citroën Xsara/Toyota Corolla WRC	610 Punkte
3.	Paolo Andreucci (I)	Subaru Impreza WRC	446 Punkte
4.	Isolde Holderied (D)	Toyota Corolla WRC	330 Punkte
5.	Matthias Kahle (D)	Seat Cordoba WRC	270 Punkte
	Ercan Kazaz (TR)	Subaru Impreza WRC	270 Punkte
7.	Piero Liatti (I)	Subaru Impreza WRC	250 Punkte
8.	Jesus Puras (E)	Citroën Xsara Kitcar	220 Punkte
9.	Armin Kremer (D)	Subaru Impreza WRC	202 Punkte
10.	Serge Jordan (F)	Renault Mégane Maxi	200 Punkte
	Patrick Snijers (MC)	Peugeot 206 WRC	200 Punkte
	Rocco Theunissen (B)	Toyota Corolla WRC	200 Punkte
13.	Aris Vovos (GR)	Toyota Corolla WRC	170 Punkte
14.	Piero Longhi (I)	Toyota Corolla WRC	160 Punkte
	Ditimar Iliev (BG)	Ford Escort RS Cosworth	160 Punkte
16.	Diego Oldrati (I)	Subaru Impreza WRC	156 Punkte
17.	Janusz Kulig (PL)	Ford Focus WRC	152 Punkte
18.	Roman Kresta (CZ)	Skoda Octavia WRC	150 Punkte
19.	Enrico Bertone (I)	Ford Focus WRC	130 Punkte
20.	Erkan Yazici (TR)	Toyota Corolla WRC	120 Punkte

* vorläufiger Stand vor der Rallye du Var

Bisherige Europameister

1953	Helmut Polensky (D)	Porsche
1954	Walter Schulter (D)	DKW
1955	Walter Engel (D)	Mercedes
1956	Walter Schock (D)	Mercedes
1957	Ruprecht Hopfen (D)	Saab/Borgward
1958	Gunnar Andersson (S)	Volvo
1959	Paul Cotteloni (F)	Citroën/Alfa
1960	Walter Schock (D)	Mercedes
1961	Hans-Joachim Walter (D)	Porsche
1962	Eugen Böhringer (D)	Mercedes
1963	Gunnar Andersson (S)	Volvo
1964	Toma Trana (S)	Volvo
1965	Rauno Aaltonen (FIN)	BMW
1966	Sobieslav Zasada (PL)	Porsche
1967	Vic Elford (GB)	Porsche
1968	Pauli Toivonen (FIN)	Porsche
1969	Harri Kallström (S)	Lancia
1970	Jean-Claude Andruet (F)	Renault
1971	Sobieslav Zasada (PL)	BMW
1972	Raffaele Pinto (I)	Fiat
1973	Sandro Munari (I)	Lancia
1974	Walter Röhrl (D)	Opel
1975	Maurizio Verini (I)	Fiat
1976	Bernard Darniche (F)	Lancia
1977	Bernard Darniche (F)	Lancia
1978	Tony Carello (I)	Lancia
1979	Jochi Kleint (D)	Opel
1980	Antonio Zanini (I)	Porsche/Ford
1981	Adartico Vudafieri (I)	Fiat
1982	„Tony" Fassina (I)	Opel
1983	Miki Biasion (I)	Lancia
1984	Carlo Capone (I)	Lancia
1985	Dario Cerrato (I)	Lancia
1986	Fabrizio Tabaton (I)	Lancia
1987	Dario Cerrato (I)	Lancia
1988	Fabrizio Tabaton (I)	Lancia
1989	Yves Loubet (F)	Lancia
1990	Robert Droogmans (B)	Lancia
1991	Piero Liatti (I)	Lancia
1992	Erwin Weber (D)	Mitsubishi
1993	Pierre-Cesar Baroni (F)	Lancia
1994	Patrick Snijers (B)	Ford
1995	Enrico Bertone (I)	Toyota
1996	Armin Schwarz (D)	Toyota
1997	Krzysztof Holowczyc (PL)	Subaru
1998	Andrea Navarra (I)	Subaru
1999	Enrico Bertone (I)	Renault
2000	Henrik Lundgaard (DK)	Toyota

Schweizer Meisterschaft

Lyon-Charbonnières (F), 17.-18. März

1.	Hotz/Calame (CH/CH)	Renault Mégane Maxi	2.18.28,6 Std.
2.	Aeby/Marcello (CH/CH)	Peugeot 306 Maxi	56 Sek. zur.
3.	Jaquillard/Jaquillard (CH/CH)	Subaru Impreza WRC	6.57 Min. zur.

Criterium Jurassien (CH), 14.-15. April

1.	Henny/Brand (F/F)	Peugeot 306 Maxi	1.13.50 Std.
2.	Hotz/Calame (CH/CH)	Renault Mégane Maxi	2.18 Min. zur.
3.	Aebi/Marchello (CH/CH)	Peugeot 306 Maxi	2.22 Min.zur.

ASAT (CH), 2.-3. Juni

1.	Henny/Brand (F/F)	Peugeot 306 Maxi	1:05.55 Std.
2.	Burri/Hofmann (CH/CH)	Toyota Corolla WRC	59 Sek. zur.
3.	Hotz/Calame (CH/CH)	Renault Mégane Maxi	1.22 Min. zur.

Alpes Vaudoises (CH), 1. Juli

1.	Hotz/Calame (CH/CH)	Renault Mégane Maxi	1.26.41 Std.
2.	Burger/Vial (CH/CH)	Toyota Celica GT-four	9.17 Min. zur.
3.	Beck/Simonen (D/D)	Peugeot 106 GTI	9.22 Min. zur.

Ronde d'Ajoie (CH), 2. September

1.	Althaus/Charpilloz (CH/CH)	Toyota GT-four	1:01.03 Std.
2.	Hotz/Calame (CH/CH)	Renault Mégane Maxi	21 Sek. zur.
3.	Sulmoni/Bernasconi (I/I)	Renault Clio Maxi	5.14 Min. zur.

Valais (CH), 20.-21. Oktober

1.	Henny/Brand (F/F)	Peugeot 306 Maxi	2:47.29,7 Std.
2.	Jaquillard/Jacquillard (CH/CH)	Subaru Impreza WRC	6.55,9 Min. zur.
3.	Potapov/Potapov (RUS/RUS)	Subaru Impreza WRC	7.06,5 Min. zur.

Endstand: 1. Hotz, 134 Punkte; 2. Beck, 74; 3. Peter, 69; 4. Jaquillard und Althaus, je60; 6. Aebi, 58; 7. Patthey, 50; 8. Terrier, 45; 9. Sieber, 43; 10. Bonny, 42.

Österreichische Staatsmeisterschaft

Gorbatschov (A), 17.-18. März

1.	Sperrer/Carlsson (A/S)	Seat Cordoba WRC	1:49.54 Std.
2.	Wittmann/Wicha (A/D)	Toyota Corolla WRC	1.23 Min. zur.
3.	Mörtl/Pattermann (A/A)	Peugeot 206 WRC	1.58 Min. zur.

Bosch Super-4 (A), 7.-8. April

1.	Sperrer/Carlsson (A/S)	Seat Cordoba WRC	2.10.58,4 Std.
2.	Stengg/Schwarz (A/A)	Subaru Impreza WRC	1.13 Min. zur.
3.	Mitterbauer/Petrasko (A/A)	Toyota Corolla WRC	2.29 Min. zur.

Pirelli (A), 5.-6. Mai

1.	Mörtl/Pattermann (A/A)	Peugeot 206 WRC	1.11.35 Std.
2.	Sperrer/Carlsson (A/S)	Seat Cordoba WRC	23 Sek. zur.
3.	Mitterbauer/Petrasko (A/A)	Toyota Corolla WRC	37 Sek. zur.

Sebring (A), 26.-27. Mai

1.	Sperrer/Carlsson (A/A)	Seat Cordoba WRC	1:35.36,0 Std.
2.	Wittmann/Berßen (A/D)	Toyota Corolla WRC	1.05 Min. zur.
3.	Stengg/Schwarz (A/A)	Subaru Impreza WRC	1.14 Min. zur.

Castrol (A), 15.-17. Juni

1.	Sperrer/Carlsson (A/S)	Seat Cordoba WRC	1.47.45 Std.
2.	Wittmann/Berßen (A/D)	Toyota Corolla WRC	30 Sek. zur.
3.	Mitterbauer/Petrasko (A/A)	Toyota Corolla WRC	2.00 Min. zur.

OMV (A), 8.-10. September

1.	Sperrer/Carlsson (A/D)	Seat Cordoba WRC	1.49,33 Std.
2.	Mörtl/Eichhorner (A/A)	Peugeot 206 WRC	1.47 Min. zur.
3.	Mitterbauer/Ruf (A/D)	Toyota Corolla WRC	3.17 Min. zur.

Forstinger (A), 22.-23. September

1.	Wittmann/Berßen (A/D)	Toyota Corolla WRC	46.50 Min.
2.	Mitterbauer/Petrasko (A/A)	Toyota Corolla WRC	5 Sek. zur.
3.	Stengg/Wolf (A/A)	Subaru Impreza WRC	36 Sek. zur.

ARBÖ (A), 12.-15. Oktober

1.	Mörtl/Pattermann (A/A)	Peugeot 206 WRC	1:06.28 Std.
2.	Mitterbauer/Petrasko (A/A)	Toyota Corolla WRC	41 Sek. zur.
3.	Wittmann/Berßen (A/D)	Toyota Corolla WRC	1.19 Min. zur.

Semperit (A), 3.-4. November

1.	Schwarz/Hiemer (D/D)	Skoda Octavia WRC	1.54.03,2 Std.
2.	Wittmann/Berßen (A/D)	Toyota Corolla WRC	1.42,3 Min. zur.
3.	Kremer/Seiter (D/D)	Subaru Impreza WRC	2.09,3 Min. zur.

Endstand: 1. Sperrer, 115 Punkte; 2. Wittmann, 107; 3. Mitterbauer, 88; 4. Mörtl, 79; 5. Stengg, 69; 6. Schier, 42; 7. Bufler, 33; 8. Handler, 23; 9. Holzmüller, 22; 10. Benedikt, 17.
Gruppe N: 1. Gaßner, 135 Punkte; 2. Sereinig, 73; 3. Kovar, 70; 4. Brandner, 67; 5. Kowald, 55; 6. Reininger, 42.

Nationale und internationale Meister

Afrika	Satwant Singh (Z)	Subaru Impreza
Australien	Possum Bourne (AUS)	Subaru Impreza WRC
Belgien	Rocco Theunissen (NL)	Toyota Corolla WRC
Finnland	Sebastian Lindholm (FIN)	Peugeot 206 WRC
Frankreich	Philippe Bugalski (F)	Citroën Xsara
Großbritannien	Marko Ipatti (FIN)	Mitsubishi Lancer Evolution
Kanada	Tom McGeer (CDN)	Subaru Impreza
Italien	Piero Longhi (I)	Toyota Corolla WRC
Mitropa Cup	Matthias Moosleitner (D)	Mitsubishi Lancer Evolution
Niederlande	Rocco Theunissen (NL)	Toyota Corolla WRC
Norwegen (Gr. A)	Henning Solberg (N)	Ford Escort WRC
Norwegen (Gr. N)	Pernilla Walfridsson (S)	Mitsubishi Lancer Evolution
Österreich	Raphael Sperrer (A)	Seat Cordoba WRC
Polen	Janusz Kulig (PL)	Ford Focus WRC
Schweiz	Gregoire Hotz (CH)	Renault Mégane Maxi
Schweden (Gr. A)	Jonas Kruse (S)	Renault Mégane Maxi
Türkei	Erkan Yazici (TR)	Toyota Corolla WRC
Ungarn	Janusz Toth (HR)	Peugeot 306 Maxi

Marathon-Weltcup

Paris-Dakar-Kairo (F), 6.-23. Januar

1.	Schlesser/Magne (F/F)	Schlesser-Renault T3	45:06.03 Std.
2.	Peterhansel/Cottret (F/F)	Mega Desert T3	12.33 Min. zur.
3.	Fontenay/Picard (F/F)	Mitsubishi Pajero T2	27.33 Min. zur.
5.	Kleinschmidt/Thörner (D/S)	Mitsubishi Pajero T2	1:09.00 Std. zur.

Baja Italia (I), 23.-26. März

1.	Germanetti/Rey (I/I)	Nissan Patrol T3	8:27.38 Std.
2.	Perez/Perez (ARG/ARG)	Toyota HjD T3	16.28 Min. zur.
3.	Strugo/Larroque (I/F)	Mercedes T1	22.36 Min. zur.

Tunesien (TN), 14.-23. April

1.	Schlesser/Magne (F/F)	Schlesser-Renault T3	21:10.26 Std.
2.	Kleinschmidt/Thörner (D/S)	Mitsubishi Pajero T2	2.02 Min. zur.
3.	Delavergne/Dubois (F/F)	Nissan Pathfinder T2	4:10.22 Std. zur.

Marokko (MOC), 3.-11. Juni

1.	Schlesser/Magne (F/F)	Schlesser-Renault T3	16:14.01 Std.
2.	Servia/Lurquin (E/B)	Schlesser-Renault T3	5.08 Min. zur.
3.	Fontenay/Picard (F/F)	Mitsubishi Pajero T1	18.07 Min. zur.

Portugal (P), 23.-26. Juni

1.	Schlesser/Micoud (F/F)	Schlesser-Renault T3	11:01.29 Std.
2.	Sousa/Jesus (P/P)	Mitsubishi Pajero T2	23 Sek. zur.
3.	Campos/Figueiredo (P/P)	Toyota Landcruiser T2	8.54 Min. zur

Baja España Aragon (E), 13.-16. Juli

1.	Schlesser/Comolli (F/MC)	Schlesser-Renault T3	10:31.18 Std.
2.	Kleinschmidt/Thörner (D/S)	Mitsubishi Pajero T2	2.40 Min. zur.
3.	Martins/Morais (E/E)	Nissan Patrol T1	48.03 Min. zur.

Master-Rallye (F), 27. Juli - 6. August

1.	Servia/Lurquin (E/B)	Schlesser-Renault T3	25:27.24 Std.
2.	Kleinschmidt/Thörner (D/S)	Mitsubishi Pajero T2	19.39 Min. zur.
3.	Delavergne/Dubois (F/F)	Nissan Patrol T3	22.51 Min. zur.

Por Las Pampas-Rallye (ARG), 18.-23. September

1.	Shinozuka/Gallagher (J/GB)	Mitsubishi Pajero T2	23:21.33 Std.
2.	Kleinschmidt/Schulz (D/D)	Mitsubishi Pajero T2	23.20 Min. zur.
3.	Fontenay/Picard (F/F)	Mitsubishi Pajero T1	1:23.37 Std. zur.

UAE Desert Challenge (UAE), 6.-11. November

1.	Schlesser/Lurquin (F/B)	Schlesser-Renault T3	16:44.50 Std.
2.	Servia/Magne (E/F)	Schlesser-Renault T3	1.15 Min. zur.
3.	Shinozuka/Gallagher (J/GB)	Mitsubishi Pajero T2	12.48 Min. zur.
6.	Kleinschmidt/Schulz (D/D)	Mitsubishi Pajero T2	1:56.45 Std. zur.
13.	Podlogar/Thörner (A/S)	Mitsubishi Pajero T1	9:40.47 Std. zur.
17.	Quandt/Tiefenbach (D/D)	Mitsubishi Pajero DI-D T2	19:52.57 Std. zur.

Endstand: 1. Schlesser, 493 Punkte; 2. Kleinschmidt, 368; 3. Servia, 307; 4. Fontenay, 243; 5. Peterhansel, 165; 6. Strugo, 155; 7. Shinozuka, 150; 8. De Lavergne, 141; 9. Gazzoni, 80; 10. Germanetti, 78.

Deutsche Rallye Challenge

Ostbayern (D), 7.-8. April (Region Süd)

1.	M. Moufang/Walch (D/D)	BMW M3	52.58 Min.
2.	Bannert/Winklhofer (D/D)	Lancia Delta HF Integrale	1.00 Min. zur.
3.	N. Moufang/S. Moufang (D/D)	Opel Kadett C	1.38 Min. zur.
4.	Pfeifer/Bayer (D/D)	BMW M3	1.59 Min. zur.
5.	Höhner/Schumacher (D/D)	Opel Kadett C	2.15 Min. zur.

Vogelsberg (D), 14.-15. April (Region Nord)

1.	Stölzel/Windisch (D/D)	Ford Escort RS Cosworth	56.56 Min.
2.	Wiegand/Lehmann (D/D)	Ford Escort RS Cosworth	1.00 Min. zur.
3.	Pfeifer/Bayer (D/D)	BMW M3	1.50 Min. zur.
4.	Höhner/Schumacher (D/D)	Opel Kadett C	2.20 Min. zur.
5.	N. Moufang/Otto (D/D)	Opel Kadett C	2.26 Min. zur.

Vogtland (D), 19.-20. Mai (Region Nord)

1.	Geipel/Hesseler (D/D)	Toyota Celica GT-four	45.53,1 Min.
2.	Wiegand/Lehmann (D/D)	Ford Escort RS Cosworth	20,8 Sek. zur.
3.	N. Moufang/S. Moufang (D/D)	Opel Kadett C	40,7 Sek. zur.
4.	Pfeifer/Bayer (D/D)	BMW M3	1.01,9 Min. zur.
5.	Stölzel/Windisch (D/D)	Ford Escort RS Cosworth	1.40,3 Min. zur.

Daun (D), 16.-17. Juni (Region Nord und Süd)

1.	M. Moufang/Walch (D/D)	BMW M3	55.55 Min.
2.	Stölzel/Kissling (D/D)	Ford Escort RS Cosworth	54 Sek. zur.
3.	Hasselbach/Schwichtenberg (D/D)	BMW M3	1.08 Min. zur.
4.	N. Moufang/S. Moufang (D/D)	Opel Kadett C	2.03 Min. zur.
5.	Otterbach/Heinrich (D/D)	Ford Escort RS Cosworth	2.51 Min. zur.

Veste Coburg (D), 23.-24. Juni (Region Süd)

1.	M. Moufang/Walch (D/D)	BMW M3	56.25 Min.
2.	N. Moufang/S. Moufang (D/D)	Opel Kadett C	1.13 Min. zur.
3.	Pfeifer/Bayer (D/D)	BMW M3	1.26 Min. zur.
4.	Schilcher/Bußjäger (D/D)	Opel Kadett 16V	6.45 Min. zur.
5.	Memmel/Schelzke (D/D)	Opel Astra GSI	7.50 Min. zur.

Oldenburg (D), 4.-5. August (Region Nord)

1.	Stölzel/Windisch (D/D)	Ford Escort RS Cosworth	58.07 Min.
2.	N. Moufang/S. Moufang (D/D)	Opel Kadett C	1.17 Min. zur.
3.	Wiegand/Lehmann (D/D)	Ford Escort RS Cosworth	1.37 Min. zur.
4.	Höhner/Schumacher (D/D)	Opel Kadett C	3.22 Min. zur.
5.	Schütte/David (D/D)	Renault Clio 16V	4.01 Min. zur.

Welfen (D), 25.-26. August (Region Nord und Süd)

1.	M. Moufang/Walch (D/D)	BMW M3	47.41 Min.
2.	N. Moufang/S. Moufang (D/D)	Opel Kadett C	49 Sek. zur.
3.	Weijs/Heuer (NL/NL)	VW Golf Kitcar	1.03 Min. zur.
4.	Dettmer/Blum (D/D)	BMW 325iX	2.53 Min. zur.
5.	Meldgaard/Kvistborg (DK/DK)	Mitsubishi Lancer Evolution	2.54 Min. zur.

Niederbayern (D), 1.-2. September (Region Süd)

1.	N. Moufang/S. Moufang (D/D)	Opel Kadett C	40.16 Min.
2.	Forkert/Geilhausen (D/D)	Skoda Octavia Kitcar	1.04 Min. zur.
3.	Schafhauser/Steinleitner (D/D)	VW Polo	2.49 Min. zur.
4.	Pfeil/Möckl (D/D)	VW Golf GTI	3.04 Min. zur.
5.	Jentsch/Jentsch (D/D)	Peugeot 205 GTI	3.18 Min. zur.

Neustadt (D), 8.-9. September (Region Nord)

1.	M. Moufang/Walch (D/D)	BMW M3	55.20 Min. zur.
2.	Stölzel/Windisch (D/D)	Ford Escort RS Cosworth	40 Sek. zur.
3.	Hasselbach/Schwichtenberg (D/D)	BMW M3	2.05 Min. zur.
4.	Weijs/Raven (NL/NL)	VW Golf Kitcar	2.40 Min. zur.
5.	Höhner/Schumacher (D/D)	Opel Kadett C	2.50 Min. zur.

Rennsteig (D), 15.-16. September (Region Süd)

1.	Michel/Heinzel (D/D)	Opel Astra GSI	1:04.07 Std.
2.	Dobberkau/Weiß (D/DF)	Opel Astra GSI	46 Sek. zur.
3.	Wolfrum/Mittermeier (D/D)	Ford Sierra Cosworth	2.50 Min. zur.
4.	Strobel/Strobel (D/D)	VW Polo	3.46 Min. zur.
5.	Binder/Pfaffenschmidt (D/D)	Honda Civic	6.24 Min. zur.

Erzgebirge (D), 29.-30. September (Endlauf)

1.	Mohe/Hinneberg (D/D)	Renault Mégane Maxi	59.41 Min. zur.
2.	R. Zeltner/T. Zeltner (D/D)	Proton Pert	1.28 Min. zur.
3.	Wiegand/Lehmann (D/D)	Ford Escort RS Cosworth	1.34 Min. zur.
4.	Stölzel/Windisch (D/D)	Ford Escort RS Cosworth	1.46 Min. zur.
5.	Werner/Kroll (D/D)	Mitsubishi Lancer Evolution	1.48 Min. zur.

Wartburg (D), 13.-14. September (Endlauf)

1.	R. Zeltner/T. Zeltner (D/D)	Proton Pert	1:01.20 Std.
2.	Stölzel/Windisch (D/D)	Ford Escort RS Cosworth	37 Sek. zur.
3.	N. Moufang/S. Moufang (D/D)	Opel Kadett C	2.18 Min. zur.
4.	Wächtler/Fröhlich (D/D)	Proton Wira Evolution	3.26 Min. zur.
5.	Corazza/Querengässer (D/D)	Honda Civic Vtec	5.55 Min. zur.

Endstand: 1. N. Moufang, 180 Punkte; 2. Stölzel, 162; 3. Strobel, 155; 4. Loock, 140; 5. Teichmann, 136; 6. Corazza, 125; 7. Wiegmann, 117; 8. Höhner und König, je 115; 10. Wiegand, 97.

Seat Cupra Cup

Oberland (D), 24.-25. März

1.	Dressel/Baust (D/D)	Seat Ibiza Cupra	1:47.11,7 Std.
2.	Post/Fuchs (D/D)	Seat Ibiza Cupra	43,8 Sek. zur.
3.	Gerst/Enderle (D/D)	Seat Ibiza Cupra	44,8 Sek. zur.

Vogtland (D), 19.-20. Mai

1.	Dressel/Baust (D/D)	Seat Ibiza Cupra	48.32,5 Min.
2.	Gerst/Enderle (D/D)	Seat Ibiza Cupra	42,3 Sek. zur.
3.	Zehetmaier/Breuer (D/D)	Seat Ibiza Cupra	1.20,2 Min. zur.

Castrol-Thüringen (D), 2.-3. Juni

1.	Post/Fuchs (D/D)	Seat Ibiza Cupra	1:13.10,2 Min.
2.	Gerst/Enderle (D/D)	Seat Ibiza Cupra	17,6 Sek. zur.
3.	Zehetmaier/Breuer (D/D)	Seat Ibiza Cupra	28,3 Sek. zur.

Deutschland (D), 7.-9. Juli

1.	Dressel/Baust (D/D)	Seat Ibiza Cupra	3:07.44,8 Std.
2.	Bracht/Mausbeck (D/D)	Seat Ibiza Cupra	8.19,0 Min. zur.
3.	Wächtler/Krajewski (D/D)	Seat Ibiza Cupra	10.53,2 Min. zur.

Hunsrück (D), 20.-22. Juli

1.	Dressel/Baust (D/D)	Seat Ibiza Cupra	2:56.05,8 Std.
2.	Gerst/Enderle (D/D)	Seat Ibiza Cupra	14,3 Sek. zur.
3.	Wächtler/Krajewski (D/D)	Seat Ibiza Cupra	8.46,5 Min. zur.

Saarland (D), 1.-2. September

1.	Förster/Viertel (D/D)	Seat Ibiza Cupra	1:15.30,3 Std.
2.	Gerst/Enderle (D/D)	Seat Ibiza Cupra	11,9 Sek. zur.
3.	Zehetmaier/Breuer (D/D)	Seat Ibiza Cupra	53,3 Sek. zur.

Endstand: 1. Dressel, 185 Punkte; 2. Gerst, 152; 3. Post, 102; 4. Zehetmaier, 88; 5. Wächtler, 81; 6. Förster, 78; 7. Bracht, 71; 8. Köhler, 58; 9. Kübler, 30; 10. Richter, 19.

ADAC Rallye Junior Cup

Berlin-Brandenburg (D), 3.-4. März

1.	Kämpfner/Kachel (D/D)	Citroën Saxo	1:24.23 Std.
2.	Bangert/Fries (D/D)	Citroën Saxo	1.20 Min. zur.
3.	Sagerer/Hagenbuchner (D/D)	Citroën Saxo	1.57 Min. zur.

Oberland (D), 24.-24. März

1.	Liebehenschel/Scholz (D/D)	Citroën Saxo	1:06.45,5 Std.
2.	Kämpfner/Kachel (D/D)	Citroën Saxo	52,9 Sek. zur.
3.	Bangert/Fries (D/D)	Citroën Saxo	57,4 Sek. zur.

Vogelsberg (D), 14.-15. April

1.	Kämpfner/Kachel (D/D)	Citroën Saxo	1:02.02 Std.
2.	Amm/Höch (D/D)	Citroën Saxo	45 Sek. zur.
3.	Liebehenschel/Busch (D/D)	Citroën Saxo	46 Sek. zur.

Daun (D), 17.-18. Juni

1.	Liebehenschel/Busch (D/D)	Citroën Saxo	1:01.43 Std.
2.	Bangert/Wenzel (D/D)	Citroën Saxo	1.01 Min. zur.
3.	Kämpfner/Kachel (D/D)	Citroën Saxo	1.25 Min. zur.

Deutschland (D), 7.-9. Juli

1.	Liebehenschel/Scholz (D/D)	Citroën Saxo	1:04.25,5 Std.
2.	Birr/Schwendy (D/D)	Citroën Saxo	2.11,3 Min. zur.
3.	Amm/Höch (D/D)	Citroën Saxo	2.25,4 Min. zur.

Schleswig-Holstein (D), 4.-5. August

1.	Liebehenschel/Busch (D/D)	Citroën Saxo	1:03.57 Std.
2.	Birr/Schwendy (D/D)	Citroën Saxo	44 Sek. zur.
3.	Vasiljevic/Klemme (D/D)	Citroën Saxo	47 Sek. zur.

Saarland (D), 8.-9. September

1.	Liebehenschel/Busch (D/D)	Citroën Saxo	1:16.41,2 Std.
2.	Kämpfner/Kachel (D/D)	Citroën Saxo	1.10,5 Min. zur.
3.	Birr/Schwendy (D/D)	Citroën Saxo	1.15,8 Min. zur.

3-Städte (D), 20.-21. Oktober

1.	Liebehenschel/Busch (D/D)	Citroën Saxo	2:18.18,0 Std.
2.	Birr/Schwendy (D/D)	Citroën Saxo	9,6 Sek. zur.
3.	Vasiljevic/Heiler-Kling (D/D)	Citroën Saxo	2.20,8 Min. zur.

Endstand: 1. Liebehenschel, 169 Punkte; 2. Kämpfner, 147; 3. Birr, 117; 4. Bangert, 114; 5. Sagerer, 96; 7. Frank, 77; 8. Vasiljevic, 66; 9. Grewe, 65; 10. Haaf, 56.

Ergebnisse Deutsche Meisterschaft

Berlin-Brandenburg 3.-4. März

Pl.	Fahrer/Beifahrer (Nation)	Fahrzeug	Gruppe	Zeit
1	Kahle/Schneppenheim (D/D)	Seat Cordoba WRC	A	1:13.36 Std.
2	Haaf/Hawranke (D/D)	Mitsubishi Carisma GT	N	1.45 Min. zur.
3	Gaßner/Schrankl (D/D)	Proton Pert	N	2.37 Min. zur.
4	Schelle/Petrasko (D/A)	Opel Astra Kitcar	A	3.08 Min. zur.
5	Zeltner/Zeltner (A/A)	Proton Pert	N	3.51 Min. zur.
6	Becker/Göbel (D/D)	Mitsubishi Lancer Evolution	N	4.31 Min. zur.
7	Mohe/Dickes (D/D)	Renault Mégane Maxi	A	4.43 Min. zur.
8	Geipel/Hesseler (D/D)	Toyota Celica GT-four	A	5.15 Mln. zur.
9	Teubner/Stehr (D/D)	Mitsubishi Lancer Evolution	N	5.49 Min. zur.
10	Stölzel/Gottschalk (D/D)	Ford Escort RS Cosworth	N	6.04 Min. zur.

Führungspositionen: WP 1 Kahle; WP 2 Haaf; WP 3-4 Poulsen; WP 5-14 Kahle. **WP-Bestzeiten:** Kahle, 12; Haaf und Schelle, je 1. **Streckenlänge:** 541 km mit 14 WP über 135 km. **Start und Ziel:** Berlin (D). **Am Start:** 51 Teilnehmer. **Im Ziel:** 32.

Oberland 23.-25. März

Pl.	Fahrer/Beifahrer (Nation)	Fahrzeug	Gruppe	Zeit
1	Kremer/Wicha (D/D)	Subaru Impreza WRC	A	1.31.50,2 Std.
2	Haaf/Hawranke (D/D)	Mitsubishi Carisma GT	N	5.09,8 Min. zur.
3	Gaßner/Schrankl (D/D)	Proton Pert	N	5.26,1 Min. zur.
4	Zeltner/Zeltner (A/A)	Proton Pert	N	7.08,8 Min. zur.
5	Geipel/Hesseler (D/D)	Toyota Celica GT-four	A	8.02,6 Min. zur.
6	Werner/Kroll (D/D)	Mitsubishi Lancer Evolution	N	8.56,8 Min. zur.
7	Moosleitner/Entress (D/D)	Mitsubishi Lancer Evolution	N	9.49,6 Min. zur.
8	Wallenwein/Porschner (D/D)	Mitsubishi Lancer Evolution	N	10.14,5 Min. zur.
9	Thyssen/Roeseler (D/D)	Mitsubishi Lancer Evolution	N	10.46,3 Min. zur.
10	Teubner/Stehr (D/D)	Mitsubishi Lancer Evolution	N	11.23,7 Min. zur.

Führungspositionen: WP 1-18 Kremer. **WP-Bestzeiten:** Kremer, 16; Kahle, 2. **Streckenlänge:** 484,14 km mit 18 WP über 191,14 km. **Start und Ziel:** Schongau (D). **Am Start:** 60 Teilnehmer. **Im Ziel:** 39.

Pneumant 29.-30. April

Pl.	Fahrer/Beifahrer (Nation)	Fahrzeug	Gruppe	Zeit
1	Kahle/Schneppenheim (D/D)	Seat Cordoba WRC	A	2:10.26,5 Std.
2	Kremer/Wicha (D/D)	Subaru Impreza WRC	A	12,3 Sek. zur.
3	Vierimaa/Honkanen (FIN/FIN)	Ford Escort WRC	A	6.37,6 Min. zur.
4	Gaßner/Schrankl (D/D)	Proton Pert	N	8.24,8 Min. zur.
5	Geipel/Hesseler (D/D)	Toyota Celica GT-four	A	10.20,8 Min. zur.
6	Schelle/Petrasko (D/A)	Opel Astra Kitcar	A	11.22,5 Min. zur.
7	Stölzel/Windisch (D/D)	Ford Escort RS Cosworth	A	12.49,6 Min. zur.
8	Wallenwein/Poschner (D/D)	Mitsubishi Lancer Evolution	N	12.53,7 Min. zur.
9	Teubner/Stehr (D/D)	Mitsubishi Lancer Evolution	N	14.23,8 Min. zur.
10	Mohe/Friedemann (D/D)	Renault Mégane Maxi	A	14.58,7 Min. zur.

Führungspositionen: WP 1 Kahle; WP 2-4 Kremer; WP 5-18 Kahle. **WP-Bestzeiten:** Kahle, 11; Kremer, 7. **Streckenlänge:** 544,2 km mit 18 WP über 233,8 km. **Start und Ziel:** Wittenberg (D). **Am Start:** 50 Teilnehmer. **Im Ziel:** 26.

Castrol-Thüringen 2.-3. Juni

Pl.	Fahrer/Beifahrer (Nation)	Fahrzeug	Gruppe	Zeit
1	Kremer/Wicha (D/D)	Subaru Impreza WRC	A	1:02.23,9 Std.
2	Schelle/Petrasko (D/A)	Opel Astra Kitcar	A	37,2 Sek. zur.
3	Kahle/Schneppenheim (D/D)	Seat Cordoba WRC	A	1.39,4 Min. zur.
4	Mohe/Dickes (D/D)	Renault Mégane Maxi	A	1.48,5 Min. zur.
5	Moufang/Walch	BMW M3	H	2.45,8 Min. zur.
6	Geipel/Hesseler (D/D)	Toyota Celica GT-four	A	3.50,5 Min. zur.
7	Gaßner/Schrankl (D/D)	Proton Pert	N	4.05,0 Min. zur.
8	Haaf/Hawranke (D/D)	Mitsubishi Carisma GT	N	4.13,7 Min. zur.
9	N. Moufang/S. Moufang (D/D)	Opel Kadett C	H	4.14,7 Min. zur.
10	Zeltner/Zeltner (A/A)	Proton Pert	N	4.55,7 Min. zur.

Führungspositionen: WP 1 Schelle; WP 2-3 Kahle; WP 4-10 Kremer. **WP-Bestzeiten:** Kremer, 5; Kahle, 4; Schelle, 1. **Streckenlänge:** 440 km mit 10 WP über 140 km. **Start und Ziel:** Oppurg (D). **Am Start:** 54 Teilnehmer. **Im Ziel:** 43.

Deutschland 6.-9. Juli

Pl.	Fahrer/Beifahrer (Nation)	Fahrzeug	Gruppe	Zeit
1	Lundgaard/Anker (DK/DK)	Toyota Corolla WRC	A	2:39.26,5 Std.
2	Kahle/Schneppenheim (D/D)	Seat Cordoba WRC	A	29,0 Sek. zur.
3	Thiry/Prevot (B/B)	Citroën Xsara Kitcar	A	6.08,1 Min. zur.
4	Holderied/Feichtinger (D/A)	Toyota Corolla WRC	A	7.50,3 Min. zur.
5	Kremer/Wicha (D/D)	Subaru Impreza WRC	A	11.56,3 Min. zur.
6	Haaf/Hawranke (D/D)	Mitsubishi Carisma GT	N	12.08,2 Min. zur.
7	Geipel/Hesseler (D/D)	Toyota Celica GT-four	A	13.15,1 Min. zur.
8	Zeltner/Zeltner (D/D)	Proton Pert	N	15.43,2 Min. zur.
9	Gaßner/Schrankl (D/D)	Proton Pert	N	17.48,8 Min. zur.
10	Wallenwein/Poschner (D/D)	Mitsubishi Lancer Evolution	N	17.58,8 Min. zur.

Führungspositionen: WP 1 Lundgaard; WP 2-7 Kahle; WP 8-12 Lundgaard; WP 13-14 Kahle; WP 16-21 Lundgaard. **WP-Bestzeiten:** Kremer, 9; Lundgaard, 7; Thiry und Kahle, je 2; Schelle, 1. **Streckenlänge:** 963 km mit 21 WP über 290 km. **Start und Ziel:** Trier (D). **Am Start:** 54 Teilnehmer. **Im Ziel:** 33.

Hunsrück 20.-22. Juli

Pl.	Fahrer/Beifahrer (Nation)	Fahrzeug	Gruppe	Zeit
1	Kahle/Schneppenheim (D/D)	Seat Cordoba WRC	A	2:32.39,7 Std.
2	Kremer/Wicha (D/D)	Subaru Impreza WRC	A	1.25,9 Min. zur.
3	Breijer/van Goor (NL/NL)	Subaru Impreza WRC	A	4.20,1 Min. zur.
4	Holderied/Feichtinger (D/A)	Toyota Corolla WRC	A	7.14,6 Min. zur.
5	Gaßner/Schrankl (D/D)	Proton Pert	N	7.59,0 Min. zur.
6	Bijvelds/Bijvelds (NL/NL)	Mitsubishi Lancer Evolution	N	9.57,4 Min. zur.
7	Deen/Scholtalbers (NL/NL)	Mitsubishi Lancer Evolution	N	11.04,3 Min. zur.
8	Schelle/Petrasko (D/A)	Opel Astra Kitcar	A	12.17,0 Min. zur.
9	Werner/Kroll (D/D)	Mitsubishi Lancer Evolution	N	12.34,5 Min. zur.
10	Vierimaa/Sairanen (FIN/FIN)	Ford Escort WRC	A	13.39,6 Min. zur.

Führungspositionen: WP 1 - 13 Kahle. **WP-Bestzeiten:** Kremer, 6; Kahle, 5; Holderied und Breijer, je 1. **Streckenlänge:** 408 km mit 13 WP über 246 km. **Start und Ziel:** Baumholder (D). **Am Start:** 78 Teilnehmer. **Im Ziel:** 44.

Saarland 8.-8. September

Pl.	Fahrer/Beifahrer (Nation)	Fahrzeug	Gruppe	Zeit
1	Kremer/Seiter (D/D)	Subaru Impreza WRC	A	1:04.19,8 Std.
2	Schelle/Petrasko (D/A)	Opel Astra Kitcar	A	2.40,0 Min. zur.
3	Kahle/Schneppenheim (D/D)	Seat Cordoba WRC	A	3.18,6 Min. zur.
4	Haaf/Hawranke (D/D)	Mitsubishi Carisma GT	N	4.15,8 Min. zur.
5	Gaßner/Schrankl (D/D)	Proton Pert	N	4.30,7 Min. zur.
6	Gengler/Weber (LUX/LUX)	Mitsubishi Lancer Evolution	N	5.27,0 Min. zur.
7	Zeltner/Zeltner (A/A)	Proton Pert	N	5.58,1 Min. zur.
8	Forkert/Winkelhofer (D/D)	Skoda Octavia Kitcar	A	6.03,7 Min. zur.
9	Wallenwein/Poschner (D/D)	Mitsubishi Lancer Evolution	N	6.51,8 Min. zur.
10	Schroeder/Bodem (LUX/LUX)	Mitsubishi Lancer Evolution	N	6.54,8 Min. zur.

Führungspositionen: WP 1-14 Kremer. **WP-Bestzeiten:** Kremer, 11; Kahle, 2; Schelle, 1. **Streckenlänge:** 376,30 km mit 14 WP über 117,65 km. **Start:** Perl (D). **Ziel:** Merzig (D). **Am Start:** 62 Teilnehmer. **Im Ziel:** 50.

3 Städte 20.-21. Oktober

Pl.	Fahrer/Beifahrer (Nation)	Fahrzeug	Gruppe	Zeit
1	Kremer/Wicha (D/D)	Subaru Impreza WRC	A	1:55.09,2 Std.
2	Kahle/Schneppenheim (D/D)	Seat Cordoba WRC	A	2.01,5 Min. zur.
3	Geipel/Hesseler (D/D)	Toyota Celica GT-four	A	7.11,8 Min. zur.
4	Zeltner/Zeltner (A/A)	Proton Pert	N	7.22,6 Min. zur.
5	Haaf/Hawranke (D/D)	Mitsubishi Carisma GT	N	7.37,5 Min. zur.
6	Gaßner/Schrankl (D/D)	Proton Pert	N	8.54,5 Min. zur.
7	Schelle/Petrasko (D/A)	Opel Astra Kitcar	A	8.57,3 Min. zur.
8	Wetzelsperger/Feichtinger (D/D)	Proton Pert	N	9.27,0 Min. zur.
9	Gerst/Enderle (D/D)	Proton Pert	N	10.32,4 Min. zur.
10	Moosleitner/Entress (D/D)	Mitsubishi Lancer Evolution	N	10.38,5 Min. zur.

Führungspositionen: WP 1-15 Kremer. **WP-Bestzeiten:** Kremer, 12; Kahle, 3. **Streckenlänge:** 467 km mit 15 WP über 176 km. **Start und Ziel:** Straubing (D). **Am Start:** 79 Teilnehmer. **Im Ziel:** 59.

Die Sieger in den Divisionen

Gruppe A über 2000 ccm

Berlin-Brandenburg	Kahle/Schneppenheim (D/D)	Seat Cordoba WRC
Oberland	Kremer/Wicha (D/D)	Subaru Impreza WRC
Pneumant 1. Etappe	Kahle/Schneppenheim (D/D)	Seat Cordoba WRC
Pneumant 2. Etappe	Kahle/Schneppenheim (D/D)	Seat Cordoba WRC
Castrol-Thüringen	Kremer/Wicha (D/D)	Subaru Impreza WRC
Deutschland 1. Etappe	Lundgaard/Anker (DK/DK)	Toyota Corolla WRC
Deutschland 2. Etappe	Lundgaard/Anker (DK/DK)	Toyota Corolla WRC
Hunsrück 1. Etappe	Kahle/Schneppenheim (D/D)	Seat Cordoba WRC
Hunsrück 2. Etappe	Kremer/Wicha (D/D)	Subaru Impreza WRC
Saarland	Kremer/Seiter (D/D)	Subaru Impreza WRC
3-Städte	Kremer/Wicha (D/D)	Subaru Impreza WRC

Gruppe A bis 2000 ccm

Berlin-Brandenburg	Schelle/Petrasko (D/A)	Opel Astra Kitcar
Oberland	Müller/Schreck (D/D)	Fiat Punto Kitcar
Pneumant 1. Etappe	Schelle/Petrasko (D/A)	Opel Astra Kitcar
Pneumant 2. Etappe	Mohe/Friedemann (D/D)	Renault Mégane Maxi
Castrol-Thüringen	Schelle/Petrasko (D/A)	Opel Astra Kitcar
Deutschland 1. Etappe	Thiry/Prevot (B/B)	Citroën Xsara Kitcar
Deutschland 2. Etappe	Thiry/Prevot (B/B)	Citroën Xsara Kitcar
Hunsrück 1. Etappe	Möck/Hager (D/D)	Seat Ibiza Kitcar
Hunsrück 2. Etappe	Schelle/Petrasko (D/A)	Opel Astra Kitcar
Saarland	Schelle/Petrasko (D/A)	Opel Astra Kitcar
3-Städte	Schelle/Petrasko (D/A)	Opel Astra Kitcar

Gruppe N über 2000 ccm

Berlin-Brandenburg	Haaf/Hawranke (D/D)	Mitsubishi Lancer Evolution
Oberland	Haaf/Hawranke (D/D)	Mitsubishi Lancer Evolution
Pneumant 1. Etappe	Gaßner/Schrankl (D/D)	Proton Pert
Pneumant 2. Etappe	Gaßner/Schrankl (D/D)	Proton Pert
Castrol-Thüringen	Gaßner/Schrankl (D/D)	Proton Pert
Deutschland 1. Etappe	Haaf/Hawranke (D/D)	Mitsubishi Lancer Evolution
Deutschland 2. Etappe	Haaf/Hawranke (D/D)	Mitsubishi Lancer Evolution
Hunsrück 1. Etappe	Gaßner/Schrankl (D/D)	Proton Pert
Hunsrück 2. Etappe	Gaßner/Schrankl (D/D)	Proton Pert
Saarland	Haaf/Hawranke (D/D)	Mitsubishi Lancer Evolution
3-Städte	Zeltner/Zeltner (D/D)	Proton Pert

Gruppe N bis 2000 ccm

Berlin-Brandenburg	Mansfeld/Hartmann (D/D)	Honda Integra R
Oberland	Müller/Zuppa (D/D)	Renault Clio Williams
Pneumant 1. Etappe	Dobberkau/Weiß (D/D)	Opel Astra GSI
Pneumant 2. Etappe	Dobberkau/Weiß (D/D)	Opel Astra GSI
Castrol-Thüringen	Schneider/Geilhausen (D/D)	Peugeot 306
Deutschland 1. Etappe	Dobberkau/Weiß (D/D)	Opel Astra GSI
Deutschland 2. Etappe	Dressel/Baust (D/D)	Seat Ibiza Cupra
Hunsrück 1. Etappe	Dobberkau/Weiß (D/D)	Opel Astra GSI
Hunsrück 2. Etappe	Dobberkau/Weiß (D/D)	Opel Astra GSI
Saarland	Mansfeld/Hartmann (D/D)	Honda Integra R
3-Städte	Mansfeld/Hartmann (D/D)	Honda Integra R

Endstand

Fahrer	Gesamt	Berlin	Oberland	Pneumant	Castrol	Deutschland	Hunsrück	Saarland	3-Städte
Kahle	289	40	8	60	27	42	55	27	30
Kremer	284	–	40	45	40	29	50	40	40
Gaßner	240	27	27	50	26	21	48	23	18
Haaf	218	35	35	15	19	46	15	30	23
Schelle	216	30	–	41	35	15	36	35	24
Zeltner	163	20	22	20	15	30	10	16	30
Geipel	133	18	23	26	20	20	2	–	24
Mansfeld	120	20	–	–	15	23	22	20	20
Dobberkau	115	–	–	40	–	20	40	15	–
Mohe	97	19	–	36	25	–	2	–	15

Zahlen

Ergebnisse Weltmeisterschaft

Monte Carlo

20.-23. Januar, 1. Lauf zur Rallye-Weltmeisterschaft

Pl.	Fahrer/Beifahrer (Nation)	Fahrzeug	Gruppe	Zeit
1	Mäkinen/Mannisenmäki (FIN/FIN)	Mitsubishi Lancer Evolution	A	4:23.35,8 Std.
2	Sainz/Moya (E/E)	Ford Focus WRC	A	1.24,9 Min. zur.
3	Kankkunen/Repo (FIN/FIN)	Subaru Impreza WRC	A	3.21,4 Min. zur.
4	Gardemeister/Lukander (FIN/FIN)	Seat Cordoba WRC	A	3.45,1 Min. zur.
5	Thiry/Prevot (B/B)	Toyota Corolla WRC	A	4.48,4 Min. zur.
6	Loix/Smeets (B/B)	Mitsubishi Lancer Evolution	A	7.04,1 Min. zur.
7	Schwarz/Hiemer (D/D)	Skoda Octavia WRC	A	9.48,3 Min. zur.
8	Burri/Hofmann (CH/CH)	Toyota Corolla WRC	A	10.41,4 Min. zur.
9	Stohl/Müller (A/A)	Mitsubishi Lancer Evolution	N	20.41,8 Min. zur.
10	Climent/Romani (E/E)	Skoda Octavia WRC	A	20.49,5 Min. zur.
19	Gaßner/Schrankl (D/D)	Proton Pert	N	44.23,2 Min. zur.

Wichtige Ausfälle

WP	Fahrer/Beifahrer (Nation)	Fahrzeug	Gruppe	Grund
6	Delecour/Grataloup (F/F)	Peugeot 206 WRC	A	Anlasser
6	Panizzi/Panizzi (F/F)	Peugeot 206 WRC	A	Anlasser
6	Grönholm/Rautiainen (FIN/FIN)	Peugeot 206 WRC	A	Anlasser
6	Burns/Reid (GB/GB)	Subaru Impreza WRC	A	Anlasser
9	Nittel/Ruf (D/D)	Mitsubishi Lancer Evolution	N	Benzinpumpe
13	Lundgaard/Anker (DK/DK)	Toyota Corolla WRC	A	Unfall
14	Auriol/Giraudet (F/F)	Seat Cordoba WRC	A	Motor
15	C. McRae/Grist (GB/GB)	Ford Focus WRC	A	Motor

Führungspositionen: WP 1 Panizzi; WP 2 - 3 Burns; WP 4 - 15 Mäkinen. **WP-Bestzeiten:** Mäkinen, 6; Kankkunen, C. McRae, Sainz, je 2; Panizzi und Burns, je 1. **Streckenlänge:** 1468,57 Kilometer mit 14 WP über 381,31 km. **Start und Ziel:** Monte Carlo (MC). **Am Start:** 92 Teilnehmer. **Im Ziel:** 57.

Schweden

10.-13. Februar, 2. Lauf zur Rallye-Weltmeisterschaft

Pl.	Fahrer/Beifahrer (Nation)	Fahrzeug	Gruppe	Zeit
1	Grönholm/Rautiainen (FIN/FIN)	Peugeot 206 WRC	A	3:20.33,3 Std.
2	Mäkinen/Mannisenmäki (FIN/FIN)	Mitsubishi Lancer Evolution	A	6,8 Sek. zur.
3	C. McRae/Grist (GB/GB)	Ford Focus WRC	A	13,7 Sek. zur.
4	Radström/Thörner (S/S)	Toyota Corolla WRC	A	14,9 Sek. zur.
5	Burns/Reid (GB/GB)	Subaru Impreza WRC	A	35,0 Sek. zur.
6	Kankkunen/Repo (FIN/FIN)	Subaru Impreza WRC	A	2.12,6 Min. zur.
7	Delecour/Grataloup (F/F)	Peugeot 206 WRC	A	3.31,9 Min. zur.
8	Loix/Smeets (B/B)	Mitsubishi Lancer Evolution	A	5.08,3 Min. zur.
9	Märtin/Park (EE/EE)	Toyota Corolla WRC	A	5.14,0 Min. zur.
10	Auriol/Giraudet (F/F)	Seat Cordoba WRC	A	5.15,9 Min. zur.
12	Rovanperä/Pietiläinen (FIN/FIN)	Seat Cordoba WRC	A	7.50,9 Min. zur.
13	Eriksson/Parmander (S/S)	Hyundai Accent WRC	A	8.43,9 Min. zur.
14	A. McRae/Senior (GB/GB)	Hyundai Accent WRC	A	8.54,2 Min. zur.
20	Stohl/Müller (A/A)	Mitsubishi Lancer Evolution	N	18.24,7 Min. zur.
49	Mansfeld/de Jong (D/NL)	Honda Integra	N	58.45,1 Min. zur.

Wichtige Ausfälle

WP	Fahrer/Beifahrer (Nation)	Fahrzeug	Gruppe	Grund
11	Sainz/Moya (E/E)	Ford Focus WRC	A	Motor
11	Gardemeister/Lukander (FIN/FIN)	Seat Cordoba WRC	A	Motor

Führungspositionen: WP 1 Radström; WP 2-20 Grönholm. **WP-Bestzeiten:** Grönholm, 7; Radström, 4; Burns und Mäkinen, je 2; C. McRae, 1. **Streckenlänge:** 1698,20 km mit 19 WP (WP 7 abgesagt) über 377,89 Kilometer. **Start und Ziel:** Karlstad (S). **Am Start:** 78 Teilnehmer. **Im Ziel:** 54.

Safari

24.-27. Februar, 3. Lauf zur Rallye-Weltmeisterschaft

Pl.	Fahrer/Beifahrer (Nation)	Fahrzeug	Gruppe	Zeit
1	Burns/Reid (GB/GB)	Subaru Impreza WRC	A	8:33.13 Std.
2	Kankkunen/Repo (FIN/FIN)	Subaru Impreza WRC	A	4.37 Min. zur.
3	Auriol/Giraudet (F/F)	Seat Cordoba WRC	A	22.44 Min. zur.
4	Sainz/Moya (E/E)	Ford Focus WRC	A	28.18 Min. zur.
5	Solberg/Mills (N/GB)	Ford Focus WRC	A	31.27 Min. zur.
6	Arai/Freeman (J/GB)	Subaru Impreza WRC	A	46.03 Min. zur.
7	Schwarz/Hiemer (D/D)	Skoda Octavia WRC	A	58.58 Min. zur.
8	Climent/Romani (E/E)	Skoda Octavia WRC	A	1:18.00 Std. zur.
9	Menzi/Galindo (ARG/ARG)	Mitsubishi Lancer Evolution	N	2:05.54 Std. zur.
10	Sanchez/del Buono (ARG/ARG)	Subaru Impreza	N	2:23.52 Std. zur.
11	M. Stohl/Müller (A/A)	Mitsubishi Lancer Evolution	N	2:29.40 Std. zur.

Wichtige Ausfälle

WP	Fahrer/Beifahrer (Nation)	Fahrzeug	Gruppe	Grund
2	Mäkinen/Mannisenmäki (FIN/FIN)	Mitsubishi Lancer Evolution	A	Elektronik
2	Gardemeister/Lukander (FIN/FIN)	Seat Cordoba WRC	A	Aufgabe
4	Panizzi/Panizzi (F/F)	Peugeot 206 WRC	A	Aufhängung
7	Loix/Smeets (B/B)	Mitsubishi Lancer Evolution	A	Stoßdämpfer
8	C. McRae/Grist (GB/GB)	Ford Focus WRC	A	Motor
8	Grönholm/Rautiainen (FIN/FIN)	Peugeot 206 WRC	A	Elektronik

Führungspositionen: WP 1 Auriol; WP 2-12 Burns. **Wertungsprüfungs-Bestzeiten:** Burns und Sainz, je 5; Auriol, 2. **Streckenlänge:** 2690 Kilometer mit 12 Wertungsprüfungen über 1060,70 Kilometer. **Start und Ziel:** Nairobi (EAK). **Am Start:** 51 Teilnehmer. **Im Ziel:** 17.

Portugal

16.-19. März 4. Lauf zur Rallye-Weltmeisterschaft

Pl.	Fahrer/Beifahrer (Nation)	Fahrzeug	Gruppe	Zeit
1	Burns/Reid (GB/GB)	Subaru Impreza WRC	A	4:34.00,0 Std.
2	Grönholm/Rautiainen (FIN/FIN)	Peugeot 206 WRC	A	6,5 Sek. zur.
3	Sainz/Moya (E/E)	Ford Focus WRC	A	2.09,8 Min. zur.
4	Rovanperä/Pietiläinen (FIN/FIN)	Toyota Corolla WRC	A	3.18,2 Min. zur.
5	Delecour/Grataloup (F/F)	Peugeot 206 WRC	A	4.06,3 Min. zur.
6	Loix/Smeets (B/B)	Mitsubishi Lancer Evolution	A	7.28,9 Min. zur.
7	Märtin/Park (EE/GB)	Toyota Corolla WRC	A	7.41,6 Min. zur.
8	Schwarz/Hiemer (D/D)	Skoda Octavia WRC	A	7.47,4 Min. zur.
9	Gardemeister/Lukander (FIN/FIN)	Seat Cordoba WRC	A	8.24,2 Min. zur.
10	Auriol/Giraudet (F/F)	Seat Cordoba WRC	A	12.38,0 Min. zur.
17	Stohl/Müller (A/A)	Mitsubishi Lancer Evolution	N	27.47,9 Min. zur.

Wichtige Ausfälle

WP	Fahrer/Beifahrer (Nation)	Fahrzeug	Gruppe	Grund
4	A. McRae/Senior (GB/GB)	Hyundai Accent WRC	A	Differenzial
4	Kankkunen/Repo (FIN/FIN)	Subaru Impreza WRC	A	Unfall
9	Mäkinen/Mannisenmäki (FIN/FIN)	Mitsubishi Lancer Evolution	A	Unfall
9	C. McRae/Grist (GB/GB)	Ford Focus WRC	A	Motor
13	Nittel/Ruf (D/D)	Mitsubishi Lancer Evolution	N	Turboschlauch
14	Eriksson/Parmander (S/S)	Hyundai Accent WRC	A	Feuer

Führungspositionen: W1 Grönholm; WP 2-3 C. McRae; WP 4-8 Burns; WP 9-16 Grönholm; WP 17-18 Burns; WP 19-21 Grönholm; WP 22-23 Burns. **WP-Bestzeiten:** Burns, 12; Grönholm und Sainz, je 3; C. McRae, 2; Rovanperä, Delecour und Solberg, je 1. **Streckenlänge:** 1646,96 km mit 23 Wertungsprüfungen über 398,35 km. **Start und Ziel:** Porto (P). **Am Start:** 114 Teilnehmer. **Im Ziel:** 48.

Spanien

31. März - 2. April, 5. Lauf zur Rallye-Weltmeisterschaft

Pl.	Fahrer/Beifahrer (Nation)	Fahrzeug	Gruppe	Zeit
1	C. McRae/Grist (GB/GB)	Ford Focus WRC	A	4:07.13,0 Std.
2	Burns/Reid (GB/GB)	Subaru Impreza WRC	A	5,9 Sek. zur.
3	Sainz/Moya (E/E)	Ford Focus WRC	A	11,7 Sek. zur.
4	Mäkinen/Mannisenmäki (FIN/FIN)	Mitsubishi Lancer Evolution	A	40,2 Sek. zur.
5	Grönholm/Rautiainen (FIN/FIN)	Peugeot 206 WRC	A	1.51,7 Min. zur.
6	Panizzi/Panizzi (F/F)	Peugeot 206 WRC	A	2.10,9 Min. zur.
7	Delecour/Grataloup (F/F)	Peugeot 206 WRC	A	3.36,4 Min. zur.
8	Loix/Smeets (B/B)	Mitsubishi Lancer Evolution	A	4.12,5 Min. zur.
9	Navarra/Fedeli (I/I)	Toyota Corolla WRC	A	5.05,4 Min. zur.
10	Märtin/Park (EE/GB)	Toyota Corolla WRC	A	5.29,0 Min. zur.
11	Schwarz/Hiemer (D/D)	Skoda Octavia WRC	A	5.32,1 Min. zur.
17	Nittel/Ruf (D/D)	Mitsubishi Lancer Evolution	N	18.57,7 Min. zur.
19	Stohl/Müller (A/A)	Mitsubishi Lancer Evolution	N	23.26,4 Min. zur.

Wichtige Ausfälle

WP	Fahrer/Beifahrer (Nation)	Fahrzeug	Gruppe	Grund
9	A. McRae/Senior (GB/GB)	Hyundai Accent WRC	A	Motor
11	Gardemeister/Lukander (FIN/FIN)	Seat Cordoba WRC	A	Unfall
12	Kankkunen/Repo (FIN/FIN)	Subaru Impreza WRC	A	Aufgabe

Führungspositionen: WP 1-6 Burns, WP 7-15 C. McRae. **WP-Bestzeiten:** C.McRae, 5; Burns und Sainz, je 3; Mäkinen, 2; Grönholm und Schwarz, je 1. **Streckenlänge:** 1874,70 km mit 15 WP über 383,09 km. **Start und Ziel:** Lloret de Mar (E). **Am Start:** 91 Teilnehmer. **Im Ziel:** 55.

Argentinien

11.-14. Mai, 6. Lauf zur Rallye-Weltmeisterschaft

Pl.	Fahrer/Beifahrer (Nation)	Fahrzeug	Gruppe	Zeit
1	Burns/Reid (GB/GB)	Subaru Impreza WRC	A	4:10.20,7 Std.
2	Grönholm/Rautiainen (FIN/FIN)	Peugeot 206 WRC	A	1.07,4 Min. zur.
3	Mäkinen/Mannisenmäki (FIN/FIN)	Mitsubishi Lancer Evolution	A	1.31,6 Min. zur.
4	Kankkunen/Repo (FIN/FIN)	Subaru Impreza WRC	A	2.22,8 Min. zur.
5	Loix/Smeets (B/B)	Mitsubishi Lancer Evolution	A	8.33,6 Min. zur.
6	Solberg/Mills (N/GB)	Ford Focus WRC	A	10.59,6 Min. zur.
7	A. McRae/Senior (GB/GB)	Hyundai Accent WRC	A	13.17,8 Min. zur.
8	Eriksson/Parmander (S/S)	Hyundai Accent WRC	A	20.35,1 Min. zur.
9	Trelles/del Buono (ROU/ARG)	Mitsubishi Lancer Evolution	N	21.39,5 Min. zur.
10	Pozzo/Ortiz (ARG/ARG)	Mitsubishi Lancer Evolution	N	22.40,4 Min. zur.
13	Delecour/Grataloup (F/F)	Peugeot 206 WRC	A	27.19,4 Min. zur.

Wichtige Ausfälle

WP	Fahrer/Beifahrer (Nation)	Fahrzeug	Gruppe	Grund
6	Gardemeister/Lukander (FIN/FIN)	Seat Cordoba WRC	A	Kupplung
6	Auriol/Giraudet (F/F)	Seat Cordoba WRC	A	Kupplung
11	Sainz/Moya (E/E)	Ford Focus WRC	A	Unfall
13	Stohl/Müller (A/A)	Mitsubishi Lancer Evolution	N	Radaufhängung
17	C. McRae/Grist (GB/GB)	Ford Focus WRC	A	Motor

Führungspositionen: WP 1-2 Burns; WP 3-6 Grönholm; WP 7-9 Sainz; WP 10-14 Grönholm; WP 15-22 Burns. **WP-Bestzeiten:** Burns, 13; Grönholm und Sainz, je 3; C. McRae und Mäkinen, je 1. **Streckenlänge:** 1559,49 Kilometer mit 21 Wertungsprüfungen (WP 5 abgesagt) über 391,40 Kilometer. **Start:** Villa Carlos Paz (ARG). **Ziel:** Cordoba (ARG). **Am Start:** 76 Teilnehmer. **Im Ziel:** 35.

Akropolis

9.-11. Juni, 7. Lauf zur Rallye-Weltmeisterschaft

Pl.	Fahrer/Beifahrer (Nation)	Fahrzeug	Gruppe	Zeit
1	C. McRae/Grist (GB/GB)	Ford Focus WRC	A	4:56.54,8 Std.
2	Sainz/Moya (E/E)	Ford Focus WRC	A	23,1 Sek. zur.
3	Kankkunen/Repo (FIN/FIN)	Subaru Impreza WRC	A	6.38,3 Min. zur.
4	Arai/Freeman (J/GB)	Subaru Impreza WRC	A	7.40,8 Min. zur.
5	Schwarz/Hiemer (D/D)	Skoda Octavia WRC	A	9.11,0 Min. zur.
6	Bakhashab/Willis (SA/GB)	Toyota Corolla WRC	A	12.54,9 Min. zur.
7	Richelmi/Barjou (MC/F)	Subaru Impreza WRC	A	13.33,3 Min. zur.
8	Dor/Breton (F/F)	Subaru Impreza WRC	A	13.59,8 Min. zur.
9	Delecour/Grataloup (F/F)	Peugeot 206 WRC	A	15.12,3 Min. zur.
10	Papadimitriou/Petropoulos (GR/GR)	Subaru Impreza WRC	A	16.21,6 Min. zur.

Wichtige Ausfälle

WP	Fahrer/Beifahrer (Nation)	Fahrzeug	Gruppe	Grund
2	Loix/Smeets (B/B)	Mitsubishi Lancer Evolution	A	Radnabe
3	Climent/Romani (E/E)	Skoda Octavia WRC	A	Aufhängung
4	Eriksson/Parmander (S/S)	Hyundai Accent WRC	A	Getriebe
4	Mäkinen/Mannisenmäki (FIN/FIN)	Mitsubishi Lancer Evolution	A	Radnabe
5	A. McRae/Senior (GB/GB)	Hyundai Accent WRC	A	Aufhängung
7	Auriol/Giraudet (F/F)	Seat Cordoba WRC	A	Aufhängung
9	Grönholm/Rautiainen (FIN/FIN)	Peugeot 206 WRC	A	Turbolader
10	Gardemeister/Lukander (FIN/FIN)	Seat Cordoba WRC	A	Lenkhebel
14	Burns/Reid (GB/GB)	Subaru Impreza WRC	A	Turbolader

Führungspositionen: WP 1-2 Grönholm; WP 3-15 C. McRae; WP 16-18 Sainz; WP 19 C. McRae. **WP-Bestzeiten:** C. McRae und Solberg, je 5; Burns, 4; Sainz, 3; Grönholm, 2. **Streckenlänge:** 1394,12 km mit 19 WP über 390,37 km. **Start:** Athen (GR). **Ziel:** Itea (GR). **Am Start:** 117 Teilnehmer. **Im Ziel:** 48.

Neuseeland

13.-16. Juli, 8. Lauf zur Rallye-Weltmeisterschaft

Pl.	Fahrer/Beifahrer (Nation)	Fahrzeug	Gruppe	Zeit
1	Grönholm/Rautiainen (FIN/FIN)	Peugeot 206 WRC	A	3:45.13,4 Std.
2	C. McRae/Grist (GB/GB)	Ford Focus WRC	A	14,5 Sek. zur.
3	Sainz/Moya (E/E)	Ford Focus WRC	A	1.18,4 Min. zur.
4	Solberg/Mills (N/GB)	Ford Focus WRC	A	3.00,7 Min. zur.
5	Eriksson/Parmander (S/S)	Hyunda Accent WRC	A	3.12,7 Min. zur.
6	Bourne/Vincent (NZ/NZ)	Subaru Impreza WRC	A	6.54,6 Min. zur.
7	Stohl/Müller (A/A)	Mitsubishi Lancer Evolution	N	11.52,0 Min. zur.
8	Argyle/Fallon (NZ/NZ)	Mitsubishi Lancer Evolution	A	12.47,4 Min. zur.
9	Trelles/del Buono (ROU/ARG)	Mitsubsihi Lancer Evolution	N	13.38,3 Min. zur.
10	Jones/Bult (NZ/NZ)	Mitsubishi Lancer Evolution	N	14.12,9 Min. zur.

Wichtige Ausfälle

WP	Fahrer/Beifahrer (Nation)	Fahrzeug	Gruppe	Grund
1	Gardemeister/Lukander (FIN/FIN)	Seat Cordoba WRC	A	Unfall
11	Delecour/Grataloup (F/F)	Peugeot 206 WRC	A	Getriebe
15	Loix/Smeets (B/B)	Mitsubishi Lancer Evolution	A	Differenzial
16	Auriol/Giraudet (F/F)	Seat Cordoba WRC	A	Unfall
19	A. McRae/Senior (GB/GB)	Hyundai Accent WRC	A	Differenzial
19	Mäkinen/Mannisenmäki (FIN/FIN)	Mitsubishi Lancer Evolution	A	Unfall
21	Kankkunen/Repo (FIN/FIN)	Subaru Impreza WRC	A	Servolenkung
21	Burns/Reid (GB/GB)	Subaru Impreza WRC	A	Servolenkung-

Führungspositionen: WP 1-9 Delecour, WP 10-24 Grönholm. **WP-Bestzeiten:** C. McRae, 8; Burns, 5; Grönholm, 4; Solberg und Delecour, je 3; A. McRae, 1. **Streckenlänge:** 1619,76 km mit 24 WP über 425,18 km. **Start und Ziel:** Auckland (NZ). **Am Start:** 70 Teilnehmer. **Im Ziel:** 44.

Finnland

18.-20. August, 9. Lauf zur Rallye-Weltmeisterschaft

Pl.	Fahrer/Beifahrer (Nation)	Fahrzeug	Gruppe	Zeit
1	Grönholm/Rautiainen (FIN/FIN)	Peugeot 206 WRC	A	3:22.37,1 Std.
2	C. McRae/Grist (GB/GB)	Ford Focus WRC	A	1.06,2 Min. zur.
3	Rovanperä/Pietiläinen (FIN/FIN)	Toyota Corolla WRC	A	1.09,6 Min. zur.
4	Mäkinen/Mannisenmäki (FIN/FIN)	Mitsubishi Lancer Evolution	A	1.38,7 Min. zur.
5	Lindholm/Aho (FIN/FIN)	Peugeot 206 WRC	A	2.06,0 Min. zur.
6	Delecour/Grataloup (F/F)	Peugeot 206 WRC	A	5.05,0 Min. zur.
7	Hagström/Gardemeister (FIN/FIN)	Toyota Corolla WRC	A	5.16,5 Min. zur.
8	Kankkunen/Repo (FIN/FIN)	Subaru Impreza WRC	A	5.52,9 Min. zur.
9	A. McRae/Senior (GB/GB)	Hyunda Accent WRC	A	6.09,1 Min. zur.
10	Märtin/Park (EE/GB)	Toyota Corolla WRC	A	6.50,6 Min. zur.
11	Auriol/Giraudet (F/F)	Seat Cordoba WRC	A	8.26,3 Min. zur.
12	Sperrer/Carlsson (A/S)	Seat Cordoba WRC	A	11.33,6 Min. zur.
14	Sainz/Moya (E/E)	Ford Focus WRC	A	13.46,3 Min. zur.
15	Eriksson/Parmander (S/S)	Hyundai Accent WRC	A	13.51,0 Min. zur.
18	Stohl/Müller (A/A)	Mitsubishi Lancer Evolution	N	16.28,1 Min. zur.

Wichtige Ausfälle

WP	Fahrer/Beifahrer (Nation)	Fahrzeug	Gruppe	Grund
8	Solberg/Mills (N/GB)	Ford Focus WRC	A	Unfall
11	Gardemeister/Lukander (FIN/FIN)	Seat Cordoba WRC	A	Elektronik
11	Loix/Smeets (B/B)	Mitsubishi Lancer Evolution	A	Kühler
11	Burns/Reid (GB/GB)	Subaru Impreza WRC	A	Unfall

Führungspositionen: WP 1- 23 Grönholm. **WP-Bestzeiten:** Grönholm, 11; C. McRae und Burns, je 4; Kankkunen, 3; Mäkinen und Lindholm, je 1. **Streckenlänge:** 1680,14 km mit 23 WP über 410,18 km. **Start und Ziel:** Jyväskylä (FIN). **Am Start:** 122 Teilnehmer. **Im Ziel:** 55.

Zypern

8.-10. September 2000, 10. Lauf zur Rallye-Weltmeisterschaft

Pl.	Fahrer/Beifahrer (Nation)	Fahrzeug	Gruppe	Zeit
1	Sainz/Moya (E/E)	Ford Focus WRC	A	5:26.04,9 Std.
2	C. McRae/Grist (GB/GB)	Ford Focus WRC	A	37,3 Sek. zur.
3	Delecour/Grataloup (F/F)	Peugeot 206 WRC	A	1.30,8 Min. zur.
4	Burns/Reid (GB/GB)	Subaru Impreza WRC	A	2.04,1 Min. zur.
5	Mäkinen/Mannisenmäki (FIN/FIN)	Mitsubishi Lancer Evolution	A	2.58,2 Min. zur.
6	Märtin/Park (EE/GB)	Toyota Corolla WRC	A	3.45,4 Min. zur.
7	Kankkunen/Repo (FIN/FIN)	Subaru Impreza WRC	A	7.01,7 Min. zur.
8	Loix/Smeets (B/B)	Mitsubishi Lancer Evolution	A	8.05,7 MIn. zur.
9	Arai/Freeman (J/GB)	Subaru Impreza WRC	A	9.15,9 Min. zur.
10	Jean-Josesph/Boyere (F/F)	Subaru Impreza WRC	A	22.16,1 Min. zur.
15	Stohl/Müller (A/A)	Mitsubishi Lancer Evolution	N	32.21,4 Min. zur.

Wichtige Ausfälle

WP	Fahrer/Beifahrer (Nation)	Fahrzeug	Gruppe	Grund
2	Schwarz/Hiemer (D/D)	Skoda Octavia WRC	A	Unfall
4	Climent/Romani (E/E)	Skoda Octavia WRC	A	Ölwanne
6	Grönholm/Rautiainen (FIN/FIN)	Peugeot 206 WRC	A	Keilriemen
7	Auriol/Giraudet (F/F)	Seat Cordoba WRC	A	Aufgabe
14	Gardemeister/Lukander (FIN/FIN)	Seat Cordoba WRC	A	Unfall

Führungspositionen: WP 1-23 Sainz. **WP-Bestzeiten:** Sainz, 8; Burns, 7; Mäkinen, 4; Loix, 2; Kankkunen und McRae, je 1. **Streckenlänge:** 1227,82 km mit 23 WP über 348,41km. **Start und Ziel:** Limassol (CY). **Am Start:** 52 Teilnehmer. **Im Ziel:** 27.

Korsika

29. September – 1. Oktober, 11. Lauf zur Rallye-Weltmeisterschaft

Pl.	Fahrer/Beifahrer (Nation)	Fahrzeug	Gruppe	Zeit
1	Panizzi/Panizzi (F/F)	Peugeot 206 WRC	A	4:02.14,2 Std.
2	Delecour/Grataloup (F/F)	Peugeot 206 WRC	A	33,5 Sek. zur.
3	Sainz/Moya (E/E)	Ford Focus WRC	A	1.12,5 Min. zur.
4	Burns/Reid (GB/GB)	Subaru Impreza WRC	A	1.30,9 Min. zur.
5	Grönholm/Rautiainen (FIN/FIN)	Peugeot 206 WRC	A	1.57,1 Min. zur.
6	Liatti/Cassina (I/I)	Ford Focus WRC	A	2.53,8 Min. zur.
7	Jean-Joseph/Boyere (F/F)	Subaru Impreza WRC	A	3.09,5 Min. zur.
8	Auriol/Giraudet (F/F)	Seat Cordoba WRC	A	3.30,7 Min. zur.
9	Loeb/Elena (F/F)	Toyota Corolla WRC	A	6.53,2 Min. zur.
10	Morel/Marty (F/F)	Peugeot 206 WRC	A	7.20,4 Min. zur.

Wichtige Ausfälle

WP	Fahrer/Beifahrer (Nation)	Fahrzeug	Gruppe	Grund
1	Loix/Smeets (B/B)	Mitsubishi Lancer Evolution	A	Unfall
2	Eriksson/Parmander	Hyundai Accent WRC	A	Reifenschaden
10	C. McRae/Grist (GB/GB)	Ford Focus WRC	A	Unfall
13	Mäkinen/Mannisenmäki (FIN/FIN)	Mitsubishi Lancer Evolution	A	Unfall

Führungspositionen: WP 1 Burns; WP 2-5 Delecour; WP 6-11 Panizzi; WP 12 Delecour; WP 13-14 Panizzi; WP 15-16 Delecour; WP 17-18 Panizzi. **WP-Bestzeiten:** Panizzi, 8; Delecour, 4; Burns, 3; Grönholm und Sainz, je 1. **Streckenlänge:** 1110,07 km mit 18 WP (WP 8 abgesagt) über 373,27 Kilometer. **Start und Ziel:** Ajaccio (F). **Am Start:** 121 Teilnehmer. **Im Ziel:** 80.

San Remo

20.-22. Oktober, 12. Lauf zur Rallye-Weltmeisterschaft

Pl.	Fahrer/Beifahrer (Nation)	Fahrzeug	Gruppe	Zeit
1	Panizzi/Panizzi (F/F)	Peugeot 206 WRC	A	3:52.07,3 Std.
2	Delecour/Grataloup (F/F)	Peugeot 206 WRC	A	16,8 Sek. zur.
3	Mäkinen/Mannisenmäki (FIN/FIN)	Mitsubishi Lancer Evolution	A	53,0 Sek. zur.
4	Grönholm/Rautiainen (FIN/FIN)	Peugeot 206 WRC	A	1.02,3 Min. zur.
5	Sainz/Moya (E/E)	Ford Focus WRC	A	1.11,3 Min. zur.
6	C. McRae/Grist (GB/GB)	Ford Focus WRC	A	1.40,0 Min. zur.
7	Jean-Joseph/Boyere (F/F)	Subaru Impreza WRC	A	1.56,7 Min. zur.
8	Loix/Smeets (B/B)	Mitsubishi Lancer Evolution	A	2.23,0 Min. zur.
9	Solberg/Mills (N/GB)	Subaru Impreza WRC	A	2.31,7 Min. zur.
10	Loeb/Elena (F/F)	Toyota Corolla WRC	A	3.34,4 Min. zur.
12	Schwarz/Hiemer (D/D)	Skoda Octavia WRC	A	5.13,1 Min. zur.
16	A. McRae/Senior (GB/GB)	Hyundai Accent WRC	A	9.26,9 Min. zur.
17	Auriol/Giraudet (F/F)	Seat Cordoba WRC	A	10.14,4 Min. zur.

Wichtige Ausfälle

WP	Fahrer/Beifahrer (Nation)	Fahrzeug	Gruppe	Grund
11	Burns/Reid (GB/GB)	Subaru Impreza WRC	A	Motorschaden
11	Nittel/Ruf (D/D)	Toyota Corolla WRC	A	Unfall
10	Gardemeister/Lukander (FIN/FIN)	Seat Cordoba WRC	A	Turbolader
13	Liatti/Cassina (I/I)	Ford Focus WRC	A	Motorschaden

Führungspositionen: WP 1 Burns; WP 2-17 Panizzi. **WP-Bestzeiten:** Panizzi, 5; Delecour, 4; Mäkinen, 3; Jean-Joseph, 2; Burns und Grönholm, je 1. **Streckenlänge:** 1065,75 km mit 16 WP über 344,98 km. **Start und Ziel:** San Remo (I). **Am Start:** 115 Teilnehmer. **Im Ziel:** 62.

Australien

9.-12. November, 13. Lauf zur Rallye-Weltmeisterschaft

Pl.	Fahrer/Beifahrer (Nation)	Fahrzeug	Gruppe	Zeit
1	Grönholm/Rautiainen	Peugeot 206 WRC	A	5,5 Sek. zur.
2	Burns/Reid	Subaru Impreza WRC	A	8,2 Sek. zur.
3	Delecour/Grataloup	Peugeot 206 WRC	A	1.30,2 Min. zur.
4	Eriksson/Parmander	Hyundai Accent WRC	A	2.26,1 Min. zur.
5	Laukkanen/Lindström	Ford Focus WRC	A	2.36,4 Min. zur.
6	Gardemeister/Lukander	Seat Cordoba WRC	A	2.54,8 Min. zur.
7	Bourne/Vincent	Subaru Impreza WRC	A	4.39,0 Min. zur.
8	Auriol/Giraudet	Seat Cordoba WRC	A	8.00,1 Min. zur.
9	Bates/Taylor	Toyota Corolla WRC	A	9.12,3 Min. zur.
10	Taguchi/Willis	Mitsubishi Lancer Evolution	A	13.52,1 Min. zur.

Wichtige Ausfälle

WP	Fahrer/Beifahrer (Nation)	Fahrzeug	Gruppe	Grund
3	Loix/Smeets	Mitsubishi Lancer Evolution	A	Kraftübertragung
6	C. McRae/Grist	Ford Focus WRC	A	Motor
10	Sainz/Moya	Ford Focus WRC	A	Disqualifikation
15	A. McRae/Senior	Hyundai Accent WRC	A	Unfall
16	Kankkunen/Repo	Subaru Impreza WRC	A	Unfall
21	Panizzi/Panizzi	Peugeot 206 WRC	A	Getriebe
21	Mäkinen/Mannisenmäki	Mitsubishi Lancer Evolution	A	Disqualifikation

Führungspositionen: WP 1-8 Grönholm; WP 9-10 Kankkunen; WP 11-15 Burns; WP 16-21 Mäkinen. **WP-Bestzeiten:** Grönholm, 6; Mäkinen, 5; Burns, 4; Solberg, 2; Eriksson, 1. **Streckenlänge:** 1283,23 km mit 21 WP über 391 km. **Start und Ziel:** Perth (AUS). **Am Start:** 89 Teilnehmer. **Im Ziel:** 50.

Großbritannien

23.-26. November, 14. Lauf zur Rallye-Weltmeisterschaft

Pl.	Fahrer/Beifahrer (Nation)	Fahrzeug	Gruppe	Zeit
1	Burns/Reid (GB/GB)	Subaru Impreza WRC	A	3:43.01,9 Std.
2	Grönholm/Rautiainen (FIN/FIN)	Peugeot 206 WRC	A	1.05,6 Min. zur.
3	Mäkinen/Mannisenmäki (FIN/FIN)	Mitsubishi Lancer Evolution	A	1.15,0 Min. zur.
4	Sainz/Moya (E/E)	Ford Focus WRC	A	1.33,5 Min. zur.
5	Kankkunen/Repo (FIN/FIN)	Subaru Impreza WRC	A	1.46,9 Min. zur.
6	Delecour/Grataloup (F/F)	Peugeot 206 WRC	A	1.48,5 Min. zur.
7	Märtin/Park (EE/GB)	Toyota Corolla WRC	A	3.24,4 Min. zur.
8	Panizzi/Panizzi (F/F)	Peugeot 206 WRC	A	3.35,6 Min. zur.
9	Auriol/Giraudet (F/F)	Seat Cordoba WRC	A	4.27,5 Min. zur.
10	Rovanperä/Pietiläinen (FIN/FIN)	Seat Cordoba WRC	A	5.10,1 Min. zur.
13	Schwarz/Hiemer (D/D)	Skoda Octavia WRC	A	9.47,4 Min. zur.

Wichtige Ausfälle

WP	Fahrer/Beifahrer (Nation)	Fahrzeug	Gruppe	Grund
2	Loix/Smets (B/B)	Mitsubishi Lancer Evolution	A	Unfall
4	Eriksson/Parmander (S/S)	Hyundai Accent WRC	A	Motor
12	C. McRae/Grist (GB/GB)	Ford Focus WRC	A	Unfall
16	Solberg/Mills (N/GB)	Subaru Impreza WRC	A	Feuer
16	Laukkanen/Lindström (FIN/FIN)	Ford Focus WRC	A	Unfall

Führungspositionen: WP 1 Kankkunen und Tuohino; WP 2 Solberg; WP 3-4 C.McRae; WP 5-6 Grönholm; WP 7-11 C. McRae; WP 12 Grönholm; WP 13-17 Burns. **WP-Bestzeiten:** Burns, 5; C.McRae, 4; Grönholm, 3; Solberg und Mäkinen, je 2; Kankkunen und Tuohino, je1. **Streckenlänge:** 1509,48 km mit 17 WP über 380 km. **Start und Ziel:** Cardiff (GB). **Am Start:** 149 Teilnehmer. **Im Ziel:** 79.

WM-Termine 2001

18. - 21. Januar	Monte Carlo
8. - 11. Februar	Schweden
8. - 11. März	Portugal
22. - 25. März	Spanien
3. - 6. Mai	Argentinien
31. Mai - 3. Juni	Akropolis
14. - 17. Juni	Zypern
12. - 15. Juli	Safari
23. - 26. August	Finnland
20. - 23. September	Neuseeland
4. - 7. Oktober	San Remo
18. - 21. Oktober	Korsika
1. - 4. November	Australien
22. - 25. November	Großbritannien

Zahlen

Endstand Weltmeisterschaft

Fahrer-Weltmeisterschaft

	Gesamt	Monte Carlo	Schweden	Safari	Portugal	Spanien	Argentinien	Akropolis	Neuseeland	Finnland	Zypern	Korsika	San Remo	Australien	England
Grönholm	65	–	10	–	6	2	6	–	10	10	–	2	3	10	6
Burns	60	–	2	10	10	6	10	–	–	–	3	3	–	6	10
Sainz	46	6	–	3	4	4	–	6	4	–	10	4	2	–	3
C. Mc Rae	43	–	4	–	–	10	–	10	6	6	6	–	1	–	–
Mäkinen	36	10	6	–	–	3	4	–	–	3	2	–	4	–	4
Delecour	24	–	–	–	2	–	–	–	–	1	4	6	6	4	1
Panizzi	21	–	–	–	–	1	–	–	–	–	–	10	10	–	–
Kankkunen	20	4	1	6	–	–	3	4	–	–	–	–	–	–	2
Rovanperä	7	–	–	–	3	–	–	–	–	4	–	–	–	–	–
Solberg	6	–	–	2	–	–	1	–	3	–	–	–	–	–	–
Eriksson	5	–	–	–	–	–	–	–	2	–	–	–	–	3	–
Auriol	4	–	–	4	–	–	–	–	–	–	–	–	–	–	–
Arai	4	–	–	1	–	–	–	3	–	–	–	–	–	–	–
Loix	4	1	–	–	1	–	2	–	–	–	–	–	–	–	–
Gardemeister	4	3	–	–	–	–	–	–	–	–	–	–	–	1	–
Radström	3	–	3	–	–	–	–	–	–	–	–	–	–	–	–
Thiry	2	2	–	–	–	–	–	–	–	–	–	–	–	–	–
Schwarz	2	–	–	–	–	–	2	–	–	–	–	–	–	–	–
Lindholm	2	–	–	–	–	–	–	–	–	2	–	–	–	–	–
Laukkanen	2	–	–	–	–	–	–	–	–	–	–	–	–	2	–
Bakhashab	1	–	–	–	–	–	–	1	–	–	–	–	–	–	–
Bourne	1	–	–	–	–	–	–	–	1	–	–	–	–	–	–
Märtin	1	–	–	–	–	–	–	–	–	–	1	–	–	–	–
Liatti	1	–	–	–	–	–	–	–	–	–	–	1	–	–	–

Marken-Weltmeisterschaft

	Gesamt	Monte Carlo	Schweden	Safari	Portugal	Spanien	Argentinien	Akropolis	Neuseeland	Finnland	Zypern	Korsika	San Remo	Australien	England
Peugeot	111	–	11	–	9	3	6	2	10	13	4	16	16	14	7
Ford	91	6	4	3	4	14	–	16	10	6	16	4	5	–	3
Subaru	88	4	5	16	10	6	13	4	–	2	4	5	1	6	12
Mitsubishi	43	12	6	–	2	3	6	–	–	4	2	–	4	–	4
Seat	11	3	–	4	–	–	–	–	–	–	–	1	–	3	–
Skoda	8	1	–	3	1	–	–	3	–	–	–	–	–	–	–
Hyundai	8	–	–	–	–	–	1	–	3	1	–	–	–	3	–

Gruppe N-WM – Die Sieger

Rallye	Fahrer/Beifahrer (Nation)	Fahrzeug
Monte Carlo	Stohl/Müller (A/A)	Mitsubishi Lancer Evolution
Schweden	Paasonen/Honkanen (FIN/FIN)	Mitsubishi Carisma GT
Safari	Menzi/Galindo (ARG/ARG)	Mitsubishi Lancer Evolution
Portugal	Campos/Magalhaes (P/P)	Mitsubishi Lancer Evolution
Spanien	Nittel/Ruf (D/D)	Mitsubishi Lancer Evolution
Argentinien	Trelles/del Buono (ROU/ARG)	Mitsubishi Lancer Evolution
Akropolis	Pozzo/Ortiz (ARG/ARG)	Mitsubishi Lancer Evolution
Neuseeland	Stohl/Müller (ARG/ARG)	Mitsubishi Lancer Evolution
Finnland	Paasonen/Honkanen (FIN/FIN)	Mitsubishi Carisma GT
Zypern	Trelles/del Buono (ROU/ARG)	Mitsubishi Lancer Evolution
Korsika	Stohl/Müller (A/A)	Mitsubishi Lancer Evolution
San Remo	Galli/Messina (I/I)	Mitsubishi Lancer Evolution
Australien	Trelles/del Buono (ROU/ARG)	Mitsubishi Lancer Evolution
Großbritannien	Stohl/Müller (A/A)	Mitsubishi Lancer Evolution

Endstand: 1. Stohl, 75 Punkte; 2. Trelles, 64; 3. Pozzo, 22; 4. Paasonen, 21; 5. Menzi, 17; 6. Galli und Ferreyros, 14; 8. Campos, 13; 9. Pykalisto, 12; 10. Nittel und Sanchez, je 10.

Die Sprinter

Fahrer (Nation)	Fahrzeug	Bestzeiten/Rallyes
Richard Burns (GB)	Subaru Impreza WRC	69/14
Marcus Grönholm (FIN)	Peugeot 206 WRC	42/14
Colin McRae (GB)	Ford Focus WRC	33/14
Carlos Sainz (E)	Ford Focus WRC	28/14
Tommi Mäkinen (FIN)	Mitsubishi Lancer Evolution	26/14
Gilles Panizzi (F)	Peugeot 206 WRC	14/7
François Delecour (F)	Peugeot 206 WRC	12/13
Petter Solberg (N)	Ford Focus WRC/Subaru Impreza WRC	13/12
Juha Kankkunen (FIN)	Subaru Impreza WRC	4/12
Thomas Radström (S)	Toyota Corolla WRC	3/2
Simon Jean-Joseph (F)	Subaru Impreza WRC	2/2
Juha Kankkunen(FIN)	Subaru Impreza WRC	2/12
Freddy Loix (B)	Mitsubishi Lancer Evolution	2/14
Didier Auriol (F)	Seat Cordoba WRC	2/14
Sebastian Lindholm (FIN)	Peugeot 206 WRC	1/1
Harri Rovanperä (FIN)	Seat Cordoba WRC/Toyota Corolla WRC	1/3
Armin Schwarz (D)	Skoda Octavia WRC	1/8
Alister McRae (BG)	Hyundai Accent WRC	1/11
Kenneth Eriksson (S)	Hyundai Accent WRC	1/11
Janne Tuohino (FIN)	Toyota Corolla WRC	1/2

Die meisten Führungspositionen

Fahrer (Nation)	Fahrzeug	Wertungsprüfungen in Führung
Marcus Grönholm (FIN)	Peugeot 206 WRC	95
Richard Burns (GB)	Subaru Impreza WRC	49
Colin McRae (GB)	Ford Focus WRC	32
Gilles Panizzi (F)	Peugeot 206 WRC	27
Carlos Sainz (E)	Ford Focus WRC	19
Tommi Mäkinen (FIN)	Mitsubishi Lancer Evolution	18
François Delecour (F)	Peugeot 206 WRC	16
Juha Kankkunen (FIN)	Subaru Impreza WRC	3
Didier Auriol (F)	Seat Cordoba WRC	1
Thomas Radström (S)	Toyota Corolla WRC	1
Janne Tuohino (FIN)	Toyota Corolla WRC	1
Petter Solberg (N)	Subaru Impreza WRC/Ford Focus WRC	1

Alle Weltmeister

Jahr	Fahrer (Nation)	Fahrzeug	Marken-WM
1973	Jean-Luc Therier (F) *	Renault Alpine	Renault-Alpine
1974	Sandro Munari (I) *	Lancia Stratos	Lancia
1975	Hannu Mikkola (FIN) *	Fiat Spyder/Toyota Corolla	Lancia
1976	Sandro Munari (I) *	Lancia Stratos	Lancia
1977	Björn Waldegaard (S) *	Ford Escort RS 1800	Fiat
1978	Markku Alen (FIN) *	Fiat 131 Abarth	Fiat
1979	Björn Waldegaard (S)	Ford Escort/Mercedes 450 SLC	Ford
1980	Walter Röhrl (D)	Fiat 131 Abarth	Fiat
1981	Ari Vatanen (FIN)	Ford Escort RS 1800	Talbot
1982	Walter Röhrl (D)	Opel Ascona 400	Audi
1983	Hannu Mikkola (FIN)	Audi quattro	Lancia
1984	Stig Blomqvist (S)	Audi quattro S1	Audi
1985	Timo Salonen (FIN)	Peugeot 205 Turbo 16	Peugeot
1986	Juha Kankkunen (FIN)	Peugeot 205 Turbo 16	Peugeot
1987	Juha Kankkunen (FIN)	Lancia Delta HF 4WD	Lancia
1988	Miki Biasion (I)	Lancia Delta integrale	Lancia
1989	Miki Biasion (I)	Lancia Delta HF integrale	Lancia
1990	Carlos Sainz (E)	Toyota Celica Turbo 4WD	Lancia
1991	Juha Kankkunen (FIN)	Lancia Delta HF integrale	Lancia
1992	Carlos Sainz (E)	Toyota Celica Turbo 4WD	Lancia
1993	Juha Kankkunen (FIN)	Toyota Celica Turbo 4WD	Toyota
1994	Didier Auriol (F)	Toyota Celica Turbo 4WD	Toyota
1995	Colin McRae (GB)	Subaru Impreza 555	Subaru
1996	Tommi Mäkinen (FIN)	Mitsubishi Lancer Evolution III	Subaru
1997	Tommi Mäkinen (FIN)	Mitsubishi Lancer Evolution IV	Subaru
1998	Tommi Mäkinen (FIN)	Mitsubishi Lancer Evolution V	Mitsubishi
1999	Tommi Mäkinen (FIN)	Mitsubishi Lancer Evolutiion VI	Toyota
2000	Marcus Grönholm (FIN)	Peugeot 206 WRC	Peugeot

* Inoffizielle Titelträger, da die Fahrer-Weltmeisterschaft erst 1979 eingeführt wurde.

Die erfolgreichsten Fahrer

1.	Juha Kankkunen (FIN)	23 Siege
	Carlos Sainz (E)	23 Siege
3.	Markku Alen (FIN)	20 Siege
	Tommi Mäkinen (FIN)	20 Siege
	Colin McRae (GB)	20 Siege
6.	Didier Auriol (F)	19 Siege
7.	Hannu Mikkola (FIN)	18 Siege
8.	Miki Biasion (I)	17 Siege
9.	Björn Waldegaard (S)	16 Siege
10.	Walter Röhrl (D)	14 Siege
11.	Timo Salonen (FIN)	11 Siege
	Stig Blomqvist (S)	11 Siege
13.	Ari Vatanen (FIN)	10 Siege
14.	Richard Burns (GB)	9 Siege

Die erfolgreichsten Marken

1.	Lancia	74 Siege
2.	Toyota	43 Siege
3.	Ford	37 Siege
4.	Subaru	32 Siege
5.	Mitsubishi	31 Siege
6.	Peugeot	27 Siege
7.	Audi	24 Siege
8.	Fiat	21 Siege
9.	Renault	12 Siege
10.	Nissan/Datsun	9 Siege
11.	Opel	6 Siege
12.	Saab	4 Siege

Die Sieger-Nationen

1.	Finnland	115 Siege
2.	Frankreich	61 Siege
3.	Schweden	43 Siege
4.	Italien	30 Siege
	Großbritannien	30 Siege
6.	Spanien	23 Siege
7.	Deutschland	17 Siege
8.	Kenia	8 Siege
9.	Österreich	2 Siege
	Japan	2 Siege
11.	Kanada	1 Sieg
	Portugal	1 Sieg
	Argentinien	1 Sieg
	Elfenbeinküste	1 Sieg

Schön, wenn neugierige Blicke
nicht das Einzige sind,
worauf man sich **verlassen** kann.

Vas verbindet den Ford Focus Martini mit seinem Bruder von der Straße? Klar, beide gewinnen einen Preis nach dem nderen. Und beide sehen toll aus. Aber der eigentliche Grund dafür, dass der Ford Focus so gut ankommt, ist seine erlässlichkeit. Und das macht sich nicht nur auf der Schotterpiste, sondern mittlerweile auf der ganzen Welt bemerkbar.

Ford

www.ford.de

Team Ford/Y&R 221

Out of Africa – bei der Safari-Rallye führt die Route über viele hundert Kilometer durchs Land. Vorbei an der Farm von Tanja Blixen

Zerplatzte Träume – Jutta Kleinschmidt hat bis zuletzt Chancen, als erste Frau den Marathon-Weltcup zu gewinnen. Dann wird sie „nur“ Zweite

wir machen e
LOCO
SOFT

Abschiedsvorstellung – Armin Kremer hat viele Erfolge für Subaru errungen. Ende der Saison 2000 ist Schluss, Subaru beendet sein DM-Engagement

Xsara
Stéphane Prévot
TOTAL
MICHELIN
CITROËN
FINANCEMENT
20 BJM

Roter Renner – in der Saison 2000 engagiert sich Citroën mit Bruno Thiry in der Rallye-EM. Für das Jahr 2001 planen die Franzosen den WM-Einstieg

Auf Weltreise – der Österreicher Manfred Stohl startet seit Jahren in der WM. Der griechische Schotter ist für ihn fast eine zweite Heimat

P. MÜLLER
M. STOHL
OMV Motor Oils
FORSTINGER
ACROPOLIS
29
TELESTET
OMV
PIRELLI
speedline
RALLI ART
Italy

V4 MMR

TOMMI
Mäkinen
Mannisenmäki
WWW.RALLIART.COM
SWEDISH RALLY
BOSCH
MICHELIN

Auf Wiedersehen – die Werksfahrer gehen in eine verdiente Winterpause. Aber die Saison 2001 ist nicht mehr weit. Sieben Hersteller versprechen viel Action und Spannung